骨董の眼利きがえらぶ

ふだんづかいの器

青柳恵介

芸術新潮編集部［編］

とんぼの本

新潮社

はじめに

四人の骨董商

古今の器を知り尽くし、みずからの眼で美しい道具をみいだすことを生業《なりわい》とする四人の方々に、現代作家による「ふだんづかいの器」をえらんでいただきます。

浦上満

［うらがみ・みつる　日本橋・浦上蒼穹堂主人］

浦上さんは1951年生れ。鑑賞陶器の老舗、繭山龍泉堂で修業したのち独立。1979年に開店した浦上蒼穹堂はおもに中国、朝鮮の古陶磁を扱っている。

浦上蒼穹堂

〒103-0027　東京都中央区日本橋3-6-9
箔屋町ビル3階
電話◆03（3271）3931
営業時間◆10時〜18時
定休日◆日曜、祝日

大嶌文彦

［おおしま・ふみひこ　西荻窪・魯山主人］

1954年生れの大嶌さんは自分の店を「食器屋」だという。1982年開店の「魯山」には、古い器ばかりでなく現代作家の食器も並ぶ。

魯山

〒167-0042　東京都杉並区西荻北3-45-8
ペルソナーレ西荻1階
電話◆03（3399）5036
営業時間◆11時〜19時
定休日◆火曜

坂田和實

［さかた・かずみ　目白・古道具坂田主人］
坂田さんは1945年生れ。1973年に店を開いて以来、日本はもちろんヨーロッパ、アフリカ、朝鮮、南米など、さまざまな国の道具を仕入れてきた。

古道具坂田

〒161-0033　東京都新宿区下落合3-18-9
電話◆03（3953）6312
営業時間◆10時30分～19時
定休日◆日、月曜

柳孝

［やなぎ・たかし　京都・古美術柳主人］
1938年生れの柳さんは守備範囲の広い古美術商で、億単位の一級品から伊万里の雑器まで扱う。開店は1960年。

古美術柳

〒605-0088　京都市東山区大和大路通
新門前上る西之町195
電話◆075（551）1284
営業時間◆9時～18時
定休日◆日曜

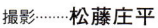

目次

撮影……松藤庄平

右頁上から、内田鋼一〈加彩盤〉／辻勘之〈染付水玉蓋付碗〉／
八木明〈青白磁長円皿〉／額賀章夫〈鉄釉銘々皿〉
左頁上から、〈鉄鉢〉　奈良時代　東京国立博物館／
〈五彩水禽文碗〉　磁州窯　金時代　東京国立博物館／
金重愫〈備前徳利〉と〈備前盃〉／辻村史朗〈伊賀銘々皿〉

デルフト白釉皿　オムレツと豆苗
安藤雅信の白釉皿　フランスの田舎パン
岩田圭介の焼締皿　バター
三谷龍二の木製小鉢　苺ジャム
武田武人のカップ　カフェオレ
19世紀イギリスのナイフ
三谷龍二の匙

第一章

眼利きがえらぶ ふだんづかいの器

四人の眼利きは、家でどんな食器を使っているのでしょう。
それぞれの食卓をのぞき、
おすすめの現代陶芸家を
教えてもらいました。

坂田家の朝食

坂田家の昼食

万人に共通のよい器というものはない。
洋服の着こなしと同じで、その人がいかに
使いこなしているかが肝心ではないか。
………坂田

内田鋼一の板皿　焼おにぎり、アスパラガスと沢庵
赤木明登の椀　浅蜊汁
唐津小皿　焼イカ
山茶碗　ひじき煮
箸置は庭の石

坂田家の夕食

安藤雅信の板皿　秋刀魚の焼物
恩塚正二の黒陶皿　豚の塩茹、セロリ
高仲健一の丸皿　大根おろし、獅子唐
花岡隆の刷毛目徳利
伊万里白磁猪口
箸置は庭の石

坂田和實が推す「うつわ名人」

内田鋼一〈White Bowl〉高6cm 各3500円

このシンプルなかたちがいい。
お茶を飲んだり、向付みたいに使ったり、
次は何を入れようかと
気持ちがワクワクしてくる。
……坂田

内田鋼一［うちだ・こういち］

1969年生れ　三重県四日市市在住

内田鋼一〈加彩盤〉 21.5×21.5cm 7500円

煎餅を焼いたようなふくらみが
こたえられない。
料理は盛りにくいが、
なんとか使いこなしてゆきたい。
………坂田

高仲健一の器が買える主な店

桃居
〒106-0031 東京都港区西麻布2-25-13
電話◆03(3797)4494
営業◆11時～19時
定休◆日曜、祝日

美術館 as it is
〒297-0154 千葉県長生郡長南町岩撫41
電話◆0475(46)2108
開館◆10時30分～16時
休館◆月～木曜(ただし祝日は開館)

内田鋼一の器が買える主な店

うちだ
〒106-0045 東京都港区麻布十番2-8-6
電話◆03(3455)4595
営業◆12時～19時
定休◆月、火曜

空間舎白子
〒152-0023 東京都目黒区八雲3-9-15
電話◆03(5701)0057
営業◆11時～18時
定休◆日、月曜、祝日

うつわ菜の花
〒250-0013 神奈川県小田原市南町1-3-12
電話◆0465(24)7020
営業◆10時～18時
*企画展開催中のみ営業。

橋本美術
〒460-0008 愛知県名古屋市中区栄3-27-7-302
CIマンション南大津3F
電話◆052(262)8470
営業◆10時30分～18時
定休◆日曜

アートサロン光玄
〒466-0826 愛知県名古屋市昭和区滝川町47-153
NS21光洋マテリカビル
電話◆052(839)1877
営業◆10時～18時
定休◆月曜

高仲健一 ［たかなか・けんいち］

1966年生れ　千葉県夷隅郡大多喜町在住

李朝に惚れこんで作陶をはじめた人。壺や祭器も作るが、この平凡な丸皿が彼の原点だと思う。

……坂田

高仲健一〈皿〉　径17.5cm　各3500円

安藤雅信［あんどう・まさのぶ］

1957年生れ　岐阜県多治見市在住

もともと現代彫刻の作家だった。
モダンな住いに似あう器。
……坂田

［上］安藤雅信〈銀彩皿〉　20.6×30.3cm　1万円／［下］安藤雅信〈オランダ皿〉　直径26cm　8000円

植松永次 ［うえまつ・えいじ］

1949年生れ　三重県阿山郡阿山町在住

植松永次〈鉢〉　径17.5cm　1万6000円

植松永次の器が買える主な店

ギャラリーやまほん
〒518-1325　三重県阿山郡阿山町丸柱1650
電話◆0595(44)1201
営業◆10時～18時
定休◆月～木曜（ただし祝日は営業。企画展開催中は要問合せ）

ざらっとした質感と
この厚みがいい。
サラダ、煮物、
何にでも合う。

……坂田

安藤雅信の器が買える主な店

井仲居
〒198-0022　東京都青梅市藤橋2-32
電話◆0428(30)1661
営業◆11時30分～20時
定休◆火曜

ギャラリータスタス
〒322-0067　栃木県鹿沼市天神町1709
電話◆0289(64)0022
営業◆10時～18時30分
定休◆水曜

ギャルリももぐさ
〒507-0013　岐阜県多治見市東栄町2-8-16
電話◆0572(21)3368
営業◆11時～18時
＊企画展開催中以外は要電話予約。

ギャラリーエムツウ
〒780-0842　高知県高知市追手筋1-9-6
電話◆088(821)4792
営業◆11時～19時
定休◆水曜

ガレリア星鈴音
〒811-3305　福岡県宗像郡津屋崎町宮司2295-123
電話◆0940(52)0999
営業◆11時～17時
定休◆不定（要問合せ）

見たとたん、つい手がのびて
買ってしまった。
やさしい、あたたかみのある器。
………坂田

井山三希子 ［いやま・みきこ］
1965年生れ　神奈川県津久井郡藤野町在住

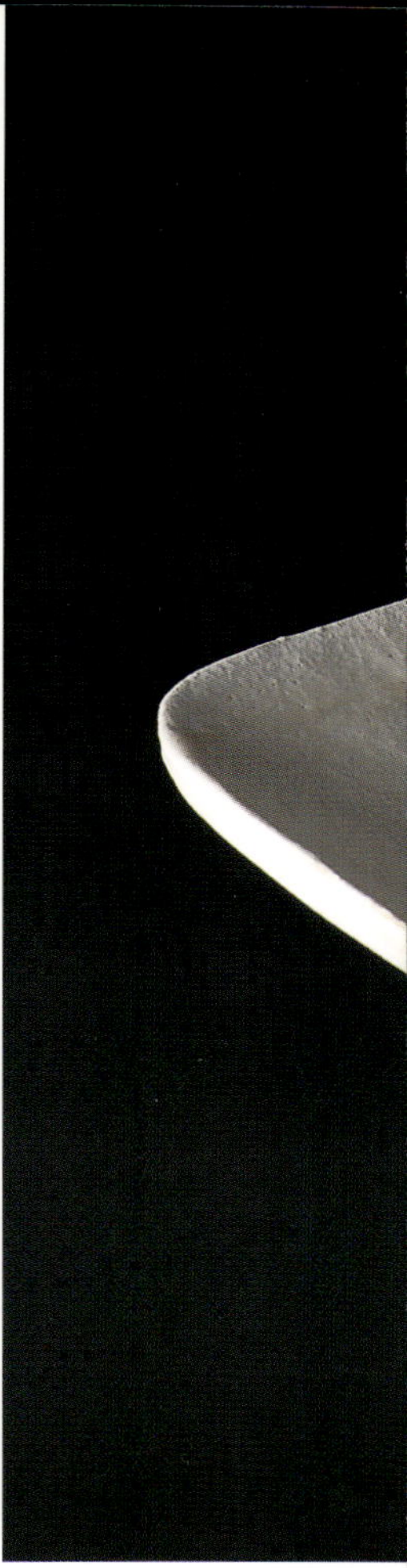

[上]井山三希子〈粉引カップ〉　高7cm　2500円／[右]井山三希子〈粉引長皿〉　18.5×28cm　7000円

井山三希子の器が買える主な店

ギャラリー　ブリキ星
〒167-0042　東京都杉並区西荻北5-9-11
電話◆03(5938)8106
営業◆11時～19時
定休◆月、火曜(企画展開催中は無休)
*安藤雅信さんの器(P14)も扱っています。

Zakka
〒150-0001　東京都渋谷区神宮前6-28-5
宮崎ビルB1-B
FAX◆03(3407)7003
営業◆11時～19時
定休◆日曜(企画展開催中は無休)

うつわ楓
〒107-0003　東京都港区南青山3-5-5
電話◆03(3402)8110
営業◆12時～19時
定休◆日曜、祝日
*上泉秀人さんの器(P31)も扱っています。

ル・ジャポン
〒790-0003　愛媛県松山市三番町4-6-11
電話◆089(945)6303
営業◆11時～19時、日曜のみ12時～18時
定休◆毎月第1日曜

川瀬忍の青磁大鉢　ローストビーフとクレソンのサラダ
林邦佳の色絵皿　鯛の昆布〆
金重愫の備前火襷皿　琥珀卵、アンディーヴ
宋代青白磁碗　菜の花の芥子和え
古染付人物文碗　豚肉と白菜の重ね蒸し
金重愫の備前徳利とぐい呑み
古染付蟹文皿
池谷忠義の箸置

浦上家の食卓

ファンス・フランクの天目高足鉢 苺とスウィーティー

林邦佳の赤絵小皿 栗蒸羊羹

川瀬忍の青磁湯香 ほうじ茶

年中同じ食器を使うのではなく、
季節や行事によって器もかえたい。
それが暮しの彩りになるから。
………浦上

浦上満が推す「うつわ名人」

品格があって、向きあうと
気分がすっきりする。
ふだんづかいには難しいが、
ハレの席に出したい。
………浦上

川瀬忍の器が買える主な店

寛土里
〒102-0094　東京都千代田区紀尾井町4-1
ホテルニューオータニ　ロビー階
電話◆03(3239)0146
営業◆11時～20時
定休◆なし

川瀬忍［かわせ・しのぶ］

1950年生れ　神奈川県中郡大磯町在住

川瀬忍〈青磁輪花大鉢〉　径27cm　30～40万円

古いものに学びながら、
たんなる写しに終らない。
銀襴手の食籠には小籠包なんか
入れても楽しい。
………浦上

林邦佳［はやし・くによし］
1949年生れ　愛知県瀬戸市在住

[上]林邦佳〈青花銀彩雲鶴文食籠〉　高11.4cm　40万円／[右]林邦佳〈豆彩蓮池水禽文菊皿〉　径19.5cm　7万円

林邦佳の器が買える主な店

黒田陶苑
〒104-0061　東京都中央区銀座7-8-6
電話◆03(3571)3223
営業◆10時30分～18時30分
定休◆月曜

茜
〒248-0006　神奈川県鎌倉市小町2-7-35
電話◆0467(25)3749
営業◆10時15分～18時30分
定休◆水曜

ギャラリー顕美子
〒460-0008　名古屋市中区栄3-20-25
北九ビル1F
電話◆052(264)7741
営業◆11時～18時
定休◆日曜、祝日

びんばん
〒030-0862　青森県青森市古川3-11-11
電話◆0177(75)3143
営業◆10時30分～19時
定休◆日曜

大酒飲みだけに酒器が上手。
皿の火襷もわざとらしくなくて、
使っていて飽きない。
………浦上

金重愫［かなしげ・まこと］

1945年生れ　岡山県岡山市在住

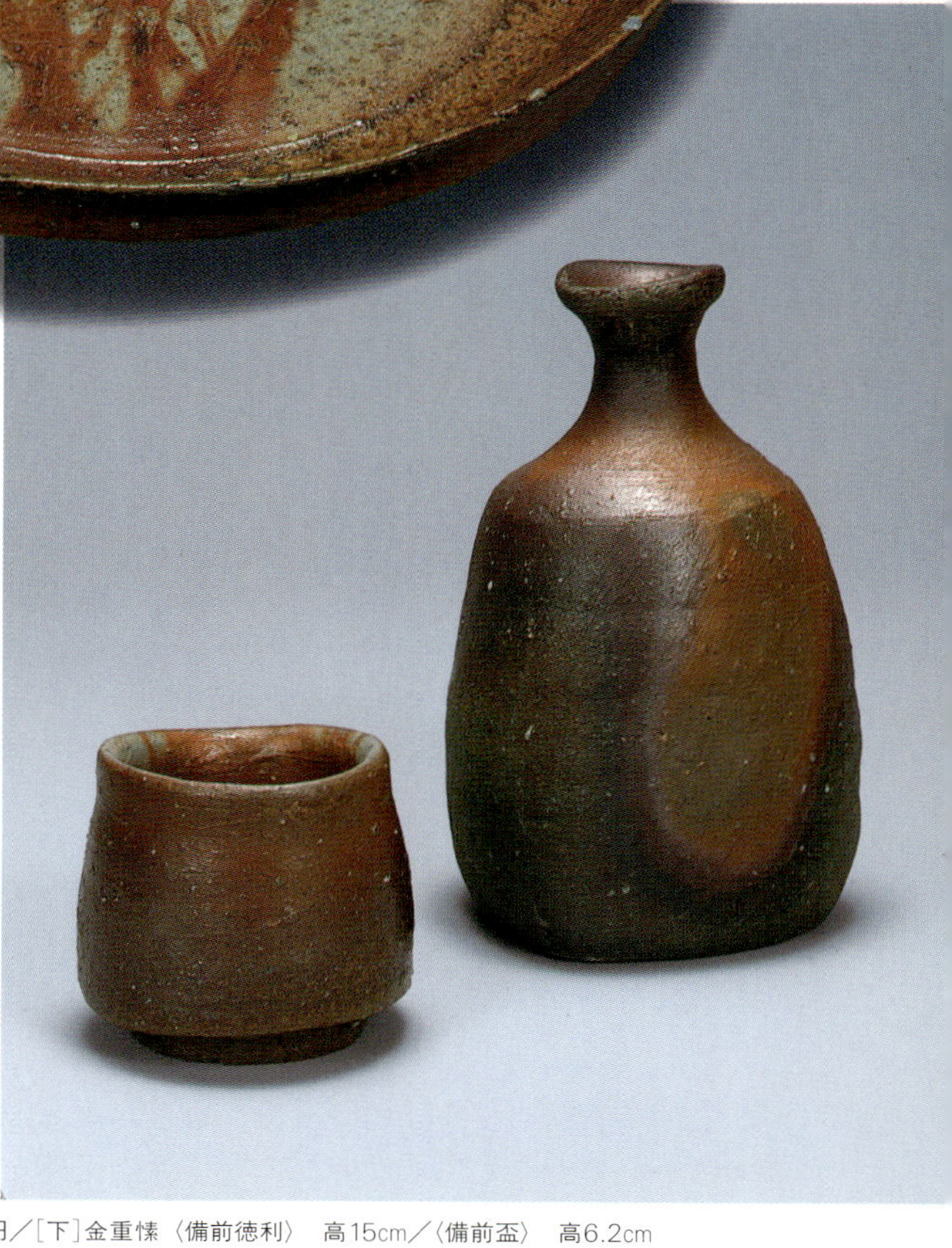

金重愫の器が買える主な店

高島屋美術画廊
〒103-8265　東京都中央区日本橋2-4-1
日本橋高島屋
電話◆03(3246)4310
営業◆10時～19時
定休◆要問合せ

しぶや黒田陶苑
〒150-0002　東京都渋谷区渋谷1-16-14
メトロプラザ1F
電話◆03(3499)3225
営業◆11時～19時
定休◆木曜

ぎゃらりい　おくむら
〒150-0011　東京都渋谷区東1-27-10
電話◆03(3409)0332
営業◆11時～19時
定休◆日曜、祝日(企画展開催中は要問合せ)

［上］金重愫〈備前火襷皿〉　径20.9cm　12万円／［下］金重愫〈備前徳利〉　高15cm／〈備前盃〉　高6.2cm

［上2点］八木明〈青白磁キャビア鉢〉　径24cm　高11.5cm　28万円　突起の下に氷を、上にキャビアを盛った皿をのせる
［下］八木明〈青白磁長円皿〉　長径42cm　短径20.5cm　28万円

＊八木明の器の販売は個展でのみ。
作品についての問合せは、電話
075(561)7382まで。

確かな技術力に裏打ちされた
豊かな造形を、気品ある
肌合いで包んだ器。
………浦上

八木明［やぎ・あきら］

1955年生れ　京都府京都市在住

大嶌家の食卓

額賀章夫の白磁長皿　目刺し
額賀章夫の鉄釉飯碗　芹菜飯
額賀章夫の白磁小皿　梅干
伊万里色絵鉢　うどのきんぴら
森岡成好の焼締鉢　白菜漬物
伊万里青磁皿　うどの酢味噌和え
額賀章夫の銹粉引鉢　肉じゃが
伊万里染付皿
上泉秀人の箸置

食器に約束事なんかない。
この皿にこれを盛ったらダメと
いうようなことは。
………大嶌

大嶌文彦が推す「うつわ名人」

［右頁］額賀章夫〈銹粉引七寸鉢〉　長径21.3cm　4500円／〈刷毛目ぐい呑み〉　高9cm　2000円／〈鉄釉銘々皿〉　径16.2cm　1800円
［左頁］額賀章夫〈白磁尺皿〉　径19.5cm　9000円／〈白磁六寸角皿〉　18.5×18.5cm　2000円

額賀章夫［ぬかが・あきお］

1963年生れ　茨城県笠間市在住

とにかく数を作っている。
作家というより陶工で、
だからこそ信用できる。
………大嶌

額賀章夫の器が買える主な店

魯山
〒167-0042　東京都杉並区西荻北3-45-8
電話◆03(3399)5036
営業◆11時〜19時
定休◆火曜
*上泉秀人さんの器(P31)も扱っています。

向山窯　笠間焼プラザ店
〒309-1611　茨城県笠間市笠間2290-4
電話◆0296(72)0194
営業◆9時〜18時
定休◆なし

STARNET
〒321-4217　栃木県芳賀郡益子町大字益子3278-1
電話◆0285(72)2270
営業◆12時〜20時
定休◆金曜

うつわや季器楽座
〒310-0803　茨城県水戸市城南1-7-2　聖城ビル1F
電話◆029(224)9580
営業◆10時〜19時
定休◆毎月10日(陶の日)

もえぎ
〒321-4218　栃木県芳賀郡益子町城内坂150
電話◆0285(72)6003
営業◆9時30分〜18時
定休◆不定(月2回、要問合せ)

額賀章夫ホームページ
http://www.ne.jp/asahi/nukaga/akio/

森岡成好［もりおか・しげよし］

1948年生れ　和歌山県伊都郡かつらぎ町在住

この皿を見たときは涙が出た。人に媚びたところがなくて、まるで瓦みたいで。

……大嶌

森岡成好の器が買える主な店

ギャラリー榧
〒171-0044　東京都豊島区千早2-27-6
電話◆03(3957)3779
営業◆10時30分～17時30分(入店は17時まで)
定休◆月曜

アサヒギャラリー
〒400-0866　山梨県甲府市若松町10-6
ドエル・セントラル1F
電話◆055(227)7611
営業◆11時～18時(企画展開催中は19時まで)
定休◆日、月曜(企画展開催中は月曜のみ)

よし埜画廊
〒990-0042　山形県山形市七日町二丁目1-38
電話◆023(623)3140
営業◆10時30分～18時30分
定休◆火曜

ギャラリー花むらさき
〒730-0029　広島県広島市中区三川町3-14
PAL 2F
電話◆082(241)8381
営業◆11時～18時
定休◆日、月曜

ギャラリー陶夢　鹿児島店
〒892-0842　鹿児島県鹿児島市東千石町2-38
電話◆099(226)1060
営業◆10時30分～19時
定休◆水曜

森岡成好〈南蛮焼締板皿〉　24×49cm　6万円

上泉秀人［かみいずみ・ひでと］

1952年生れ　東京都青梅市在住

上泉秀人〈白磁鎬猪口〉　高7cm　2700〜3500円／〈鉄釉鎬鉢〉　高9.5cm

どこが好きなんだろう。
気取りがないからかな。
……大嶌

上泉秀人の器が買える主な店

魯山
〒167-0042　東京都杉並区西荻北3-45-8
電話◆03(3399)5036
営業◆11時〜19時
定休◆火曜
*額賀章夫さんの器(P28、29)も扱っています。

宙 SORA
〒152-0003　東京都目黒区碑文谷5-5-6
電話◆03(3791)4334
営業◆11時〜19時
定休◆水曜

うつわ楓
〒107-0003　東京都港区南青山3-5-5
電話◆03(3402)8110
営業◆12時〜19時
定休◆日曜、祝日
*井山三希子さんの器(P16、17)も扱っています。

器の店　ノーション
〒186-0004　東京都国立市中1-10-8
ノア国立ビル1F
電話◆042(573)3449
営業◆10時30分〜20時
定休◆火曜

とんがらし
〒047-0152　北海道小樽市新光4-15-15
電話◆0134(54)1464
営業◆11時〜17時
定休◆毎月1〜19日

辻村史朗の伊賀俎皿　寿司
辻村史朗の粉引八寸皿　鮭の照焼
辻勘之の染付水玉蓋付碗　ジャコ、甘海老の珍味

柳家の食卓

辻村史朗〈伊賀俎皿〉27×55・3cm 50万円／〈伊賀銘々皿〉15・5×15・5cm 8万円（五客揃）

柳孝が推す「うつわ名人」

人柄も作風も豪快。
器が渋いから料理も生きる。
……柳

辻村史朗の器が買える主な店

銀座　一穂堂サロン
〒104-0061　東京都中央区銀座1-8-17
伊勢伊ビル3階
電話◆03(5159)0599
営業◆11時～19時
定休◆火曜
*そのほか、2年に一度、東京・日本橋三越本店、名古屋・丸栄、大阪・阪急うめだ本店で開かれる個展にて販売。

辻村史朗［つじむら・しろう］

1947年生れ　奈良県奈良市在住

辻勘之［つじ・かんじ］

1933年生れ　京都府京都市在住

辻勘之〈醤油差し〉高7・5cm（左端）7～9000円／〈染付水玉蓋付碗〉径12・5cm 各1万5000円

醤油差しもお碗も色や寸法を注文して作ってもらった。走泥社出身の大家なのに、頼むと気軽に応じてくれるのが嬉しい。

……柳

辻勘之の器が買える主な店

サボア・ヴィーブル
〒106-0032　東京都港区六本木5-17-1
アクシスビル3F
電話◆03(3585)7365
営業◆11時～19時（日曜、祝日のみ18時30分まで）
定休◆なし
*安藤雅信さんの器（P14）も扱っています。

晋六陶芸館
〒606-0015　京都府京都市左京区
岩倉幡枝町322
電話◆075(721)3770
営業◆9時～18時
定休◆なし

工芸店　ようび
〒530-0057　大阪府大阪市北区
曽根崎1-8-3
電話◆06(6314)0204
営業◆11時～19時
定休◆日曜、祝日

暮らしの器　羊や
〒155-0033　東京都世田谷区
代田6-7-24　ルミナス24 2F
電話◆03(3465)9146
営業◆11時～18時30分
定休◆火曜

小松華功［こまつ・かこう］

1950年生れ　京都府京都市在住

湯呑の面取がやわらかで好ましい。
鎬《しのぎ》の皿は菓子を盛っても映える。

………柳

小松華功の器が買える主な店

蕗窯
〒601-1101　京都府京都市左京区
広河原能見町383
FAX◆075(746)0170
営業◆要問合せ
定休◆木曜

小松華功〈粉引面取湯呑〉〈能見唐津湯呑〉高9cm（左端）4～5000円／〈灰釉鎬笠鉢〉に菓子、〈胴紐茶碗〉に抹茶

第2章

座談会

よい器ってなんだろう

みずからの眼で
美しい道具を
みいだしてきた四人が、
器について心ゆくまで語りあう。

それぞれが持ちよった器をまえに語り合う、青柳、浦上、柳、坂田、大嶌の各氏(左から)

柳孝＋坂田和實＋浦上満＋大嶌文彦

司会 **青柳恵介**［あおやぎ・けいすけ 古美術評論家］

四人の眼利きが選ぶ「究極のうつわ」

青柳　本書は眼利きとして知られる四人の骨董屋さんに、ふだんづかいの、しかも現代陶芸家の器を選んでいただこうというものです。日々の仕事で鍛えた眼が、どんな器を、どのような理由でよしとするのか、私自身とても楽しみです。

　ものを見ながらのほうが話が早いでしょうから、今日はみなさんに家でふだん使っている食器を持ってきていただきました。なかには古い器もあります。それを見るのは、いってみれば名料理人が自宅で作る家庭料理を味わうようなものかもしれませんね。

　まずかんたんに四人の紹介をしましょう。

　柳さんは誰もが認める一流の古美術商ですが、守備範囲がとても広い。ふつう骨董商は茶道具や仏教美術、あるいは鑑賞陶器*といった専門分野を持つものだけれど、柳さんは億単位の美術品から、見どころがあれば伊万里*の雑器*のような安物まで扱う。そんな人はめったにいません。

　坂田さんの眼は国境を越えています。日本はもちろんヨーロッパ、アフリカ、朝鮮、南米のものまで店に並んでいる。骨董屋さんのなかには、自分が嫌いな品物でも儲かるからといって店に置く人がいますが、坂田さんは絶対にそれをしない人です。

　浦上さんの蒼穹堂は鑑賞陶器の店です。繭山龍泉堂*で修業したこともあって、中国陶磁に造詣が深い。きちんとした官窯*系の作がお好きなのではと思いますが、一方で紀元前中国の迫力ある土器を紹介した先駆者でもあります。

　大嶌さんは自分の店を「骨董屋というより食器屋だ」といいます。私もふくめて骨董好きの人達は、なんだかんだいっても新しいものより古いほうがいいと思っているものですが、大嶌さんは新古にこだわりません。「魯山」では現代作家の食器も売っています。

鑑賞陶器《かんしょうとうき》
茶道具としての実用やきものではなく、美術品としてその美しさを愛でるための陶磁器のこと。中国の陵墓の副葬品もふくめた陶磁器であり、大正末期に新しいタイプの愛陶家達によって世に紹介された。

伊万里《いまり》
佐賀県有田町周辺で焼かれる磁器（p70）の総称。有田焼とほぼ同じ。慶長年間に始まり、日本で最初に磁器を製造したといわれる。伊万里港で船積みされたので、江戸時代から「伊万里もの」と呼ばれた。

雑器《ざつき》
茶事や祭祀など、とくに目的が決まっている器以外の、日常的に庶民が使ってきた雑多な器のこと。

繭山龍泉堂《まゆやまりゅうせんどう》
東京・京橋にある老舗の古美術商。明治38年に北京で開業以来、中国古陶磁を中心に、東洋古美術の一級品を扱う。ことに二代目社長・繭山順吉氏（1914〜99）は、鑑識眼の鋭さで知られる人だった。

この四人には現代の器とは別に、それぞれが考える「究極の器」というか、かつて眼にした古今東西の食器のなかからもっとも好きな一点を挙げていただいています。選択には銘々の「うつわ観」があらわれており、自己紹介にもなると思うので、まずその話からはじめましょうか。

坂田さん、ほんとうは〝手のひら〟にしたかったそうですね。

坂田　はい。子供のころを思い出すと、母が取ってくれた漬物なんかを手で受けて食べていた。それが器の原点だといまでも思っているのですが、編集者があんまりだというので鉄鉢［下］にしました。お坊さんの食器で、托鉢にも持ち歩く。鉄が腐って底が抜けるたびに補修して使いつづけるものです。

柳　法隆寺では数年前まで、奈良時代の鉄鉢を使っていたそうですね。

坂田　うちの店で売った鉄鉢はせいぜい室町までですが、かたちは基本的に奈良時代とかわりません。単純な姿は

お坊さんの食器ですが、単純な姿は
モダンデザインにも通じます。
手に持つ器としてはこれが最高のかたちなのかなと思う。
……坂田

鉄鉢　奈良時代（8世紀）　高15.2cm　東京国立博物館

モダンデザインにも通じるし、手に持つ器としてはこれが最高のかたちなのかなと思う。店をやめたら鉄鉢ひとつぶらさげて歩こうかなんて、冗談でよく話すんです。

柳　奈良時代の鉄鉢をぶらさげて歩いたら、みんなついてゆくでしょうな。

青柳　浦上さんは紀元前中国の黒陶*［左］です。これも食器ですか。

浦上　酒杯です。実用かどうかはわかりません。祭器かもしれない。僕がこの一点を選んだのは、いまから四、五千年も昔に、これほど洗練された器があったことをいいたかったから。

柳　まるでワイングラスですね。

浦上　卵殻黒陶といって卵の殻のように薄いんです。知合いの陶芸家に見せたら驚いていました。「かたちもすごいが、技術的にもとてもこんなものできない」って。やきものは進歩してないなんていうつもりは少しもないけれど、紀元前の、しかも殷周の青銅器文化よりまえに、すでに中国には神技に近い技術があったんです。

柳　恐ろしい国です。何が出てくるかわからない。

青柳　柳さんが選んだ織部*の手鉢［42頁］も重要文化財の名品です。

いまから四、五千年も昔に、これほど洗練された器を使っていたとは……。
……浦上

黒陶高脚杯　新石器・大汶口文化時代（BC3000〜BC2400）　高23.2cm

官窯《かんよう》　中国で宮廷の御用品の陶磁器を焼造した窯のこと。日用の器から祭器、外国への下賜品に至るまで、さまざまな器が焼かれ、かたち、色、技法とも各時代の粋を極めている。

黒陶《こくとう》　中国の新石器時代につくられた土器の一種。ろくろを使って薄手に仕上げ、焼成の時に燻すなどして表も裏も黒色にする。

柳　吉兆の*湯木貞一さんがお使いになっていたもので、見るたびに素晴しいと思います。織部の手鉢は一五〇くらいあるでしょうが、私がいちばん好きなのはこれです。織部は青の発色が勝負ですが、ここまで上がりのよいものは少ない。手の造形も力強くて見事です。

青柳　織部、*志野、*黄瀬戸など桃山の意匠は食器の革命だと思うのですが、もし柳さんがこの手鉢を持っていたらどのように使いますか。

柳　お茶事で*焼物を盛ります。

青柳　こんな名品が出る茶会では、ほかの器を揃えるのも大変ですね。

柳　いや、これがあればあとは兵隊で構わないんです。ほかは現代陶器でいい。

青柳　なるほど。大嶌さんは文様のない*瀬戸の*石皿［左頁］です。

大嶌　みなさん立派なものを出すだろうから、僕は鈍くさいところ

織部《おりべ》　桃山時代に美濃（岐阜県）で作られた陶器（P71）の一種。千利休（P54）没後に活躍した桃山時代の茶人・古田織部の好みにより焼いたともいわれる。緑色の釉や器の大胆な形や自由奔放な絵付が特徴。

湯木貞一《ゆき・ていいち》　1901～97年。料理人。日本料理店「吉兆」の創業者。料理だけを出すのではなく、盛りつけや器づかい、座敷の床に飾る軸にいたるまでトータルに演出した。なかでも器には力を入れ、身銭を切って名品を集め店で使い続けた。

志野《しの》　桃山時代に美濃で焼かれた乳白色の陶器。茶碗や向付（P53）など茶事用の陶器として盛んに作られた。表面のガラス質の皮膜（釉）の下に、赤茶色の簡素な絵付がなされた遺品（絵志野）が多い。

黄瀬戸《きせと》　織部、志野と同様、桃山時代、茶の湯の発達にともない、美濃の諸窯で焼かれた陶器の一種。淡黄色の肌が特徴で、緑の斑紋（タンパンと呼ぶ）を散らしたものもある。

焼物《やきもの》　あぶって焼いた魚肉や鳥肉などの料理。茶懐石（P54）では、魚の切身を焼いて出すことが多い。

で勝負しようと思って。

柳　でも食べものを盛ったら映えますね。

大嶌　一点を挙げろといわれても困るんですよ。雑器屋だから、名品主義的な選び方はできない。これまで膨大な数の食器を扱ってきたけれど、ふだんづかいの器ということでは石皿にかなうものはないと思う。それなりに味もあるし。これで一万円なら文句ないでしょう。

坂田　現代作家にはできない、一万円では。

さまざまな食器を扱ってきましたが、ふだんづかいの器ということでは石皿にかなうものはない。これで一万円なら文句ないでしょう。
……大嶌

瀬戸　せと
瀬戸(愛知県)で焼かれた陶磁器のこと。やきもの全般を指して「せともの」と呼ぶこともあるように、瀬戸は、鎌倉時代から今日まで延々と製陶を続けてきた、わが国を代表する窯業地である。

石皿　いしざら
直径40センチほどの厚手で頑丈な皿。江戸時代より茶屋で煮しめなどを盛る器としてよく使われた。愛知県や岐阜県で焼かれた大量生産の雑器。

[右頁]織部四方手鉢　桃山時代(17世紀)
高15・8cm　湯木美術館
[左頁]瀬戸石皿　江戸時代後期　径39・5cm

昔はどんな小さな町にもこうした瀬戸物屋があった

食器にルールはありません

青柳　それではふだんづかいの話に入りましょう。はじめに柳さん、日々の食事となると奥様の領分かと思いますが、食卓に上る器について意見をいうことはありますか。

柳　ええ。たまにですが、家内の感覚と私のそれとが合わないときは、別の器に盛りかえてもらいます。口に入れれば同じ味やとは思うんです。でも眼の食欲がわきません。盛り方も気になるたちで、大きな器に少し盛るのが好きです。

食器は白磁*がいちばんいい。何を盛っても映えますから。赤絵*の器もしゃれてるなと思って買ったことはありますが、まず用いませんね。白磁以外では染付*も使います。ただしあっさりした文様のもの。家内が網目*が好きで、ずいぶん集めました［47頁］。古染付*の網目［47頁］もいいし、伊万里でも時代が早いものは線がやわらかでよろしいね。一度網目の器だけで茶会を開きたいものです。

大嶌　網目は確かにすぐれたデザインだけれど、日本趣味の匂いが強すぎて僕には使えない。しかしそれは好みの話です。僕は食器に約束事なんかないと思う。この皿にこれを盛ったらダメというようなことは。たとえば先日、ある客に「ブリキのぐい呑みはないか」と訊かれました。そんなもの見たことないし、たとえあってもブリキで酒飲んでうまいとは思えない。でもいいじゃないですか、本人が楽しければ。

ふだんづかいの話をするなら値段のことも

白磁　はくじ
白色の素地（陶石）に透明な釉をかけ、高温で焼いたもの。釉とは陶磁器の表面をおおうガラス質の皮膜。吸水性をなくし水もれを防ぐ上、表面を美しくなめらかにする。

赤絵　あかえ
色絵ともいう。釉をかけて一度焼いた陶磁器に、赤を主とした色絵具で上絵付をして、もう一度窯に入れて低温で焼く、いわゆる二度焼きの技法で作られた器。

染付　そめつけ
白地に藍色の絵文様が描かれた陶磁器。白い素地に、呉須（P67）で絵付し、その上に透明釉をかけて焼いたもの。中国、朝鮮では青花という。

網目　あみめ
染付などで、網の文様の描かれたもののこと。中国明朝末期の天啓時代の古染付と日本の伊万里染付に数多く見られる。

大事でしょう？　割ったあと一週間も悔やむような器はふだんづかいにならない。僕の店では五客揃いで二万円が目安です。たぶんそのへんが限度だと思うから。

柳　それはそうです。私も伊万里を毎日使っているわけではありません。使いたいが、割られては惜しい。値段云々より、せっかく二百年間残ってきたものを自分達が割っては申訳ない気がするんです。ですからふだんの食器は秦耀一さんの九谷青窯*［46／82頁］とか、小松華功さんの器［37頁］とか、誰が割っても文句をいわずにすむものを使っています。ただ安くても、自分が気に入った器で食べたいということです。

青柳　浦上さんが選んだ作家の器は決して安くはありませんね。

浦上　はい。さすがに川瀬忍さんの鉢［21頁］を毎日は使えない。客を招くときや正月、つまりハレの日用です。でもそう決めているわけではなくて、時々はふだんの食卓にも用いています。みなさんが選んだふだんづかいの器を見ると、文様のない、渋いものが多いですね。飾り気のない器は料理も映えるし、僕も好きですが、一年中それで通せといわれたらおそらく満足できないでしょう。華やいだ気分の日には川瀬さんの青磁*や林邦佳さんの色絵*［22頁］で食べたいし、娘がいるので雛祭のときは赤絵のかわいらしい器［70頁］を出してやりたい。季節によって咲く花が違うよう

最近はインテリアショップで器を選ぶ若い人達が増えているという
上はザ・コンランショップ東京店の食器売場　撮影＝広瀬達郎（右頁も）

古染付《こそめつけ》
中国の景徳鎮窯で、明朝末期の17世紀前半頃、主に天啓時代に日本向けに焼かれた染付のこと。茶人が注文していたとされる。厚手のつくりに簡略な絵付で、素朴な味わいがある。古染付の「古」は古渡りの「古」を意味する。

九谷青窯《くたにせいよう》
石川県寺井町で秦耀一氏（1944年生れ）が主催する工房。質の高い日常食器を手頃な価格で作ろうと1975年に始めた。東京・九段の「花田」（☎03・3262・0669）他で購入できる。

青磁《せいじ》
淡青色もしくは淡緑色のやきもの。木灰を材料にした釉をかけて、窯の内部を酸素不足の状態にして焼き（還元焼成）、灰に含まれるわずかな鉄分を青色に発色させる。

色絵《いろえ》
赤絵と同じ。

柳さんがふだん使っている九谷青窯の染付深皿

に、食器が暮しの彩りになる。

それにすぐれた器には気つけ薬的な効用もあって、ちょっとぼんやりしたときに川瀬さんの端正な湯呑［20頁］でお茶を飲むと、気が引締ります。青磁で茶を飲んだってうまくないだろうと思われるかもしれませんが、熱いほうじ茶なんかこれで飲むとじつにおいしい。

大嶌　それならわかる。正直なところ浦上さんが川瀬さんの器を箱から出したときは仰天しました。今日はふだんづかいの話じゃなかったのかってね。

青柳　みなさんがふだんの器に気を配るのは仕事柄、当然かと思いますが、世間はどうなんでしょう？

坂田　食器に対する考えはかわってきていると思います。ひとつは古い器を気負いなく使う人が増えた。以前は骨董と現代の器では客層も違うし、別物の感があったけれど、いまはそんなことない。その垣根を取りはらったのは「クロワッサン」ほかの女性誌かもしれません。そうした記事を見て手頃な値段の食器を探す若い人達に、骨董を買うという意識はほとんどないと思う。

浦上　食卓に古い器が入ると落着きますね。僕は古染付をよく使うし［18、19頁］、伊万里の印判手*をステーキ皿にすることもあります。

大嶌　伊万里は和食、洋食、中華と、何を盛っても合う。ここ十数年の古伊万里*ブームはそれが理由なんじゃないかな。

うちの店には二十歳くらいの学生も来るん

印判手《いんばんで》
手描きではなく、判や印刷を使って文様をつけたやきもののこと。同じ文様の器を量産する際に使われる技法。

古伊万里《こいまり》
伊万里焼で、明治時代以前につくられたもの。このうち特に元和・寛永（1615～44）頃から寛文（1661～73）にかけてつくられた上質な染付を「初期伊万里」と呼び、愛好者が多い。

柳家で使っている網目の器いろいろ
[上]伊万里染付網目文の器(六種)
いずれも江戸時代　高7・8cm(右端)
[左]古染付網目文鎬茶碗
明時代末期(17世紀)　高7・3cm

です。金がないから、三千円の飯茶碗でも二、三時間かけて買おうか買うまいか悩んでいる。結局買って、包んでいるとね、じつに嬉しそうな顔をする。それを見ると若い奴も捨てたもんじゃないなって思います。

柳　いい話ですな。やはりそれくらい真剣にならないと眼は鍛えられません。この世界はそんな人ばかりじゃなくて、昔はひどいのになると「柳さん、これ買ったら五年後にはナンボになる?」ですからね。それをいうなら郵便貯金がいちばん堅い。

坂田　私はうちでものを買う客に「店の外に出たら粗大ゴミですから」というんです。半分は本気で、そのくらいの覚悟でものを買ってほしい。

青柳　食器に話を戻すと、昔はどんな小さな町にも瀬戸物屋があって［44頁］、店中所狭しと雑器を並べていましたが、最近あまり見かけませんね。いまの人はどんな店で器を買っているんだろう?

大嶌　九段にある「花田」や六本木の「サボア・ヴィーブル」みたいな店でしょう。そうした店ができるまでは、作家物の食器は高価で、百貨店で五客揃いで買うものという通念があった。それを崩した功績は大きい。

青柳　若い女性はインテリアショップや雑貨屋で器を買うことも多いと聞きますが。

坂田　私も無印良品やコンランショップ［45頁］、外国でもクラフト*系の店をたまに覗きます。食器の水準は高いですね。無駄な装飾はないし、量産品だから安い。ただきれいすぎて、ちょっと物足りない気もする。

私は万人に共通のよい器というものはないと思うんです。洋服と同じで、その人がいかに着こなすか、使いこなしているかが肝心ではないか。それに住む空間とのバランスも大事で、たとえば狭いアパート暮しの私には、民藝*の骨太な器は使いにくい。以前、安東次男*さんが「マンションに越したら古備前*のやきものが部屋に合わず処分した」と書いているのを読んで納得した覚えがあります。数寄屋造*の京都の料亭で民藝の食器は出せないでしょう。逆に濱田庄司*さんの器は、自身が暮した茅葺の大屋根の、太い柱が黒光りする民家［左頁］にこそふさわしい。

クラフト
規格化された大量生産の製品ではなく、手仕事とのかかわりを保ちながらある程度の量産もなされている良質な日用品のこと。

民藝《みんげい》
柳宗悦(p76)による造語で「民衆的工芸品」の意。大正末期(1925頃)、美術的価値の外におかれてきた、実用的な日常生活の道具に美を見出そうとする工芸運動。

安東次男《あんどう・つぐお》
1919〜2002年。詩人・評論家。骨董好きで知られ、「芸術新潮」で月5万円を渡され、好きなものを買って原稿を書くという連載をしていたことも。

古備前《こびぜん》
鎌倉〜桃山時代に、備前(岡山県)で焼かれた陶器のこと。釉をかけず、土そのものの味をいかした質朴なものが多い(p60註「備前」参照)。

数寄屋造《すきやづくり》
茶室風の瀟洒な住宅建築のこと。数寄屋は茶の湯を行なうための建物。

濱田庄司《はまだ・しょうじ》
1894〜1978年。陶芸家。栃木県益子町に居を構え、作陶を続けるかたわら、柳宗悦らと民藝運動を推進した。

民藝の大家、濱田庄司　1968年、益子の自邸にて　食器は住いとのバランスが大事で、
民藝の骨太な器は、太い柱が黒光りするような民家にこそふさわしい　撮影＝野中昭夫

欠けた器は捨てますか

青柳　大嶌さんの持ってきた土瓶［左頁］は桂木一八さんの作だそうですが、ここまで直してあるともう大嶌さんの作品じゃないかな。

大嶌　桂木さん本人にもそういわれました。別にかっこいいと思って持ってきたわけじゃないんです。好きだし使いやすいから直すまでのことで。でもこれだけ使いこんでやれば器も本望だろうという思いはあります。

坂田　私も把手がとれて口縁もボロボロに欠けた武田武人さんのカップ［7頁］で毎朝コーヒーを飲んでいます。二十年くらい愛用していて、これがなくなったら困るなあ。

青柳　坂田さんは欠けた器で食べても平気みたいですね。

坂田　はい。むしろ欠けていたり繕いのある器のほうが好きかもしれない。食器に限らず、新車を買ったときなんか一週間くらい雨ざらしに放置していた。早くゴミがつかないかなって。

昔ある家にいけてあった花を見て感動したことがあります。花器はひどく割れた土器で、かりにどこかの市場で眼にしてもとても買えない代物でした。しかし花が入ると見違える姿になる。食器も同じだと思う。完器を十だとすると、欠けた器は五か六しかない。でもそこに料理を盛れば十や十二になるんです。反対に、完成度の高い十の器に食べものを乗せるとマイナスになる場合もある。

青柳　柳さんはいかがですか。

柳　考え方はいろいろでしょうが、私は欠けた器は使いません。わびしいですから。ふだんは現代の安い食器を用いているので、割れたら繕ったりせずに買いかえています。

浦上　欠けた器でも漆で直して大事に使う、しかも金繕い*［52頁］のように、その直し自体にも美学があるというのは日本くらいかもしれませんね。僕は仕事でよく香港に行くけれど、食器の扱いが雑でびっくりする。レスト

金繕い《きんつくろい》　「金接ぎ」とも。器の欠けた部分を漆で接着し、そこに金粉を蒔く。疵の入りかたによっては金接ぎの線が稲光のように見えるなど、繕い自体が見どころになる場合もある。金接ぎの表面にさらに蒔絵で青海波や市松文様を描きこみ、華麗な装飾とする例も。

鎹《かすがい》　両端の曲がった釘で割れた器を補修すること。中国における補修に多く見られる。

伝世品《でんせいひん》　古くから大事にされ世に伝えられてきたもの。発掘品の対義語。

共直し《ともなおし》　欠けた部分の接ぎ目を、周囲と同じ文様や釉色で彩色し、あたかも無疵の完品のように見せる修理法。「共繕い」とも。

ランでも投げるように皿を出すし、安い店なんか片付けるときテーブルクロスごとまとめて持ち去ります。欠けるのは当り前だし、また平気で欠けた器を出す。

上野の博物館にある馬蝗絆《ばこうはん》、足利義政が所持したという南宋時代の青磁の名碗［52頁］ですが、あれは鎹*で直してあります。ひびが入ったので代りをといって中国に送ったら、これほどの優品はもうできないと補修して返してきた。その鎹が大きな蝗《いなご》（馬蝗）に見えることから「馬蝗絆」の銘がついたといいます。とはいえ鎹ってようするにホチキスみたいなもので、日本の金繕いのようにそれがひとつの見どころになることはありえないでしょう。

柳　あれはたんなる補強ですね。ただ私は、疵はしょせん疵だと思う。日本でも由緒ある伝世品*とか、捨てがたい貴重なものだからこそ金直しまでして残したのと違いますか。伊万里の雑器まで直したかどうか。

坂田　ヨーロッパは共直し*ですね。日本の呼継*［53頁］のようにほかの破片を接いだりはしない。さすがに上手で、私も再三やられました。このまえうちの客から電話があって、白いデルフトのぐい呑みで飲んでたらエナメルが浮いてきたという。

大嶌　共直しの感覚って絵画の修復に近いんじゃないですか。部屋を飾る大きな壺が割れたから元通りにしたいというような。ヨーロッパの人はふだんづかいの器が欠けたら捨てると思う。ウェッジウッドやロイヤルコペン

大嶌さんが長年愛用している土瓶（桂木一八作）　針金で手をつけかえたり、蓋を新しく拵えたりと、何度も修理を重ねたもの　高11.5cm

呼継　よびつぎ
器の欠損部分を、同手の似通った陶片で補うこと。器形にあわせていくつもの陶片を削り、パッチワークのように接いだりもする。おもに志野や織部などの茶陶で用いる修繕法で、見事な呼継は完品以上の興趣をもたらす。

日本の直しは繕い自体が見どころとなる場合も　上は金で接いだ表面に
蒔絵で波濤文が施されている李朝粉引耳杯（李朝初期）　高4.2cm

鎹で補強されている青磁輪花碗（銘馬蝗絆）
龍泉窯　南宋時代（13世紀）　高9・6cm
東京国立博物館

模様も素地の色も違う陶片で接いだ織部よびつぎ茶碗
美濃の陶芸家・荒川豊蔵の旧蔵品で、白洲正子が荒川宅に招かれた際、これでお茶を出され感激したという
桃山～江戸時代　径16・2cm　豊蔵資料館
撮影＝宮地工／写真提供＝平凡社

ハーゲンといった食器メーカーにはリピートという制度があるでしょう。フルセットのうちどれかが割れても、また同じものを作ってくれる。日本の直しは使うため、ヨーロッパのそれは飾るためという気がします。

青柳　西洋との比較でいえば、向うは食器をセットで揃えるから、日本のように器のとりあわせを楽しむという考えはあまりないのではありませんか。

柳　寄向*などは何人かで食事をするときにいいですな。向付*がそれぞれ黄瀬戸だったり、唐津*、染付だったり。互いに鑑賞しあって話も弾みます。

坂田　日本ほど器の種類が多い国はないと思います。そのおかげで陶芸家も食べていける。二十年くらいまえにイギリスの陶芸家と話したら、作家としての仕事だけで生活しているのは国中で三人しかいないといっていました。あとは美術学校で教えたり、何かほかの仕事もしている。

大嶋　青柳さんが桃山時代に食器の革命が起きたといったけれど、日本の器は結局茶陶*なんですよ。茶懐石*によって、いまあるような

寄向《よせむこう》
形、絵、文様等の違った向付を一つずつ寄せ集めて組にしたもの。

向付《むこうづけ》
日本料理の膳の向こう側に置かれる食器。酒の肴など簡単な食べ物を入れる。

唐津《からつ》
佐賀県の唐津を中心に佐賀県西部から長崎県北部で焼かれた陶磁器のこと。室町時代末頃に始まり、秀吉の朝鮮出兵の後渡来した朝鮮陶工によって多くの窯が築かれた。

茶陶《ちゃとう》
茶の湯に用いられるやきものの総称。茶碗、茶壺、茶入など喫茶に関わるものから、懐石用の皿鉢までいろいろある。

茶懐石《ちゃかいせき》
茶事で出される料理のこと。懐石ともいう。禅宗の修行僧が寒さや空腹をしのぐため、温めた石を懐中に入れたことになぞらえ、質素な軽い食事という意で用いられる。

さまざまな食器が生れた。

青柳　器の種類が多いばかりでなく、日本のやきものは地方色が豊かですね。おもな窯場だけでも六、七十はあるでしょう。しかもそれぞれが個性を大事にしていて、官窯がいちばんという中国みたいに中央集権的ではない。

浦上　中国陶磁には神品という言葉があります。神なるものを目指してとことんまで技術を高める。人工の極致を求めるあまり、自然の美さえ超えようとします。一方日本人は自然と対峙するところまでいかず、どこかで手を打っちゃう。良し悪しは別にしてね。中国が神品なら日本は逸品だといった人がいますが、いいえて妙という気がします。

大嶌　でもそれは官窯の話でしょう。中国の庶民がふだん使っていた器はそうじゃないと思う。清朝あたりの白磁の雑器は下手っぽくておもしろいですよ。

坂田　やきものに限らず日本の美術には骨格がないといわれますね。一点の完成度はそう高くない。たとえば乾燥した地中海地方の強烈な光の下で*井戸茶碗を見たら汚いだけだろうけれど、仄暗い茶室で手に取ると素晴しい。食器なんてその最たるもので、料理はもちろん場所や人やほかの器とのとりあわせによって良くも悪くも見える。つまり一点では評価のしようがないんです。なぜ日本でそうした眼が育ったかといえば、やっぱり*利休の力だと思う。

柳　江戸時代までの日本には中国の官窯手はあまり入っていません。いま上野の博物館や大阪の東洋陶磁美術館にある官窯の名品はほとんど近代以後のコレクションです。茶人が盛んに注文した古染付は*民窯ですし、室町の*唐物趣味が*天目や青磁を珍重したといっても、*唐絵や*胡銅に比べればやきものは数が少ない。その時分から官窯の作風が肌に合わなかったんでしょう。

青柳　韓国の器はどうなんだろう。

柳　韓国の作家が白磁の食器を作ってくれると聞いて、数年前に訪ねたことがあります。いろいろ注文して、出来上がった器を送ってもらったはいいが、重いんです。かたちや寸法がいくらよくても手どりが重くては使う気が起りませんね。

井戸茶碗《いどぢゃわん》
室町末期に朝鮮からもたらされ、茶人たちに最も珍重されてきた茶碗の一種。李朝初期の16世紀頃つくられたとされる。枇杷色の釉と、高台《こうだい》(器の底の台)脇のカイラギ釉(釉がちぢれてうろこ状になっている様子)の味わいが特徴。

利休《りきゅう》
千利休(1522~91)。桃山時代の茶人。それまでの中国からの高価な輸入陶磁器中心だった茶道具に、朝鮮の陶磁器や日常雑器を取り入れたり、職人を指導して茶碗を焼かせるなど、わび茶の世界を大成させた。

民窯《みんよう》
官窯や藩窯に対し、民間のための陶磁器を焼く窯のこと。

唐物趣味《からものしゅみ》
宋、元、明代の書画、陶磁器、織物、漆器など中国渡来の美術工芸品を好むこと。

大嶌　韓国の陶芸家に訊くと市場は日本だといいます。向うの食器はたいてい真鍮製だから。彼らは商売のために日本の器を真似するんだけど、食器を持つ習慣がないから重さまでは気を配らないんじゃないかな。
　その代り朝鮮の匙［下］はじつに優秀です。あれでチャーハンかカレーライスを食べてみてください。レンゲやスプーンはもう使えませんよ。最後の米粒ひとつまで難なくすくえる。だいたいスープを飲むためのスプーンで飯を食うのが間違いなんです。

青柳　ヨーロッパも食器を持ちあげませんね。

坂田　洋食器で手に持つものにはかならず把手があります。把手が「手で持ってもいいよ」というサインみたい。
　ただどうなんだろう、私達が子供のころはお膳［下］やちゃぶ台で食事をしていましたが、いまの若い人はほとんどテーブルでしょう。そうなると食器もかわるかもしれない。碗や深鉢が減って平皿が増えたり。

浦上　お膳なんて低くて食べにくそうなんだけれど、器を取りあげるにはちょうどいい按配になっている。

大嶌　最近ちゃぶ台を欲しがる若い連中が多いんです。確かに狭い部屋にテーブルを置くより、低い食卓のほうが空間にゆとりが生れて気持よく食事ができる。だからテーブルで食べるかどうかは世代の差ではなくて、住む家によると思う。

天目《てんもく》　黒褐色の釉のかかった陶磁器のこと。釉に含まれる鉄分によって黒く発色するため、少なければ飴色の、多ければ柿色の釉がかかっている場合もある。中国の天目山の麓で使われたことからこの名がついた。

唐絵《からえ》　中国から舶載された絵。

胡銅《こどう》　青銅の一種。茶器に使われた、中国製の暗黄色の銅器を珍重して呼んだもの。

［上］日本の膳（右）と朝鮮の膳　器を手に持つか持たないかで、食卓の高さもこんなにかわる　高10cm（右）
［下］朝鮮の匙（手前）で飯ものを食べたらもうレンゲやスプーンは使えない？　撮影＝広瀬達郎（2点とも）

別格「うつわ名人」
魯山人

食器だけでなく、
住いや衣服もふくめて
生活全体のバランスが絶妙。
魯山人こそ真の民藝だと思う。
………坂田

北大路魯山人は語る「食い道楽だと食器をつくりたくなるのです。
ものをうまく食うには、いい容れ物に入れなければ気の済まぬものなのです」

青柳　今回みなさんに選んでいただいたのは現存の作家ですが、故人にまで話を広げるとどうなるでしょう。「うつわ名人」の名に値するのは誰か。

浦上　僕は北大路魯山人*を挙げたい。もちろん出来不出来はあるにしても、稀代の食道楽だっただけにあの人の器と料理との相性は抜群といえます。食べものが主、器が従という考えが徹底していて、たとえば鮎の美しさを

美食とうつわ道楽を極めた北大路魯山人

魯山人は食器だけでなく、空間設計の達人でもあった彼が暮した北鎌倉の家には、数寄屋ふうの回廊やステンドグラスをはめこんだ洋間があったという　上は母屋内の炉の間、右は馬小屋を改造した洋室　現在母屋は笠間市に移築、記念館として公開されている

引立てる皿はどれかといった眼で食器を選んだし、また作ってもいた。

柳　魯山人の俎鉢《まないたばち》［下］は迫力があってよろしいね。あのようなかたちの器はそれまでなかったのではありませんか。おそらく手本は*備前の*陶板でしょうが、あれは*窯道具ですから。そこに足をつけて食器にしたのは魯山人の力です。

浦上　魯山人に限らず*板谷波山や*富本憲吉にしても、いわゆる近代の名工達は古いやきものを必死で勉強しています。過去の名品に近づこうとしながら、たんなる写しに終らないところが名人と呼ばれる所以ではないかな。

柳　魯山人の食器はたいていい本歌があります。昔、魯山人のコレクションの売立があって、

［右］北大路魯山人〈龍安寺石庭文平向付〉
1951年　径22cm　八勝館
撮影＝井上隆雄

［下］北大路魯山人〈備前長四方皿（俎鉢）〉
18・5×34・2cm　北村美術館

多分に古い器からヒントを得ている。なかでも俎鉢は素晴しい。
ただ、本歌より魯山人の器のほうが高価というのは本末転倒。
……柳

北大路魯山人〈紅志野ジョッキ〉1957年
高18・5cm 八勝館 撮影＝井上隆雄

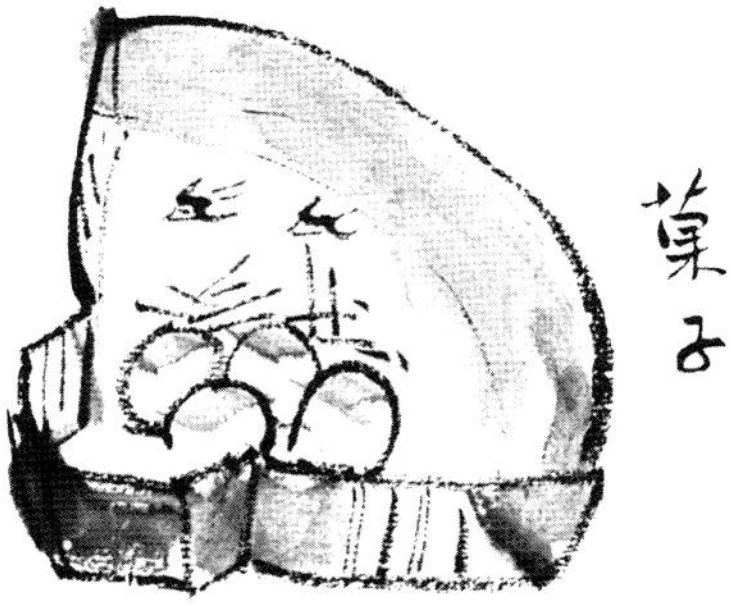

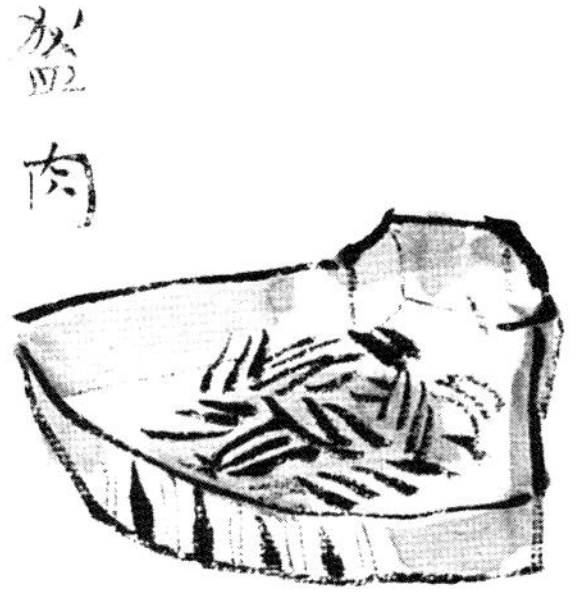

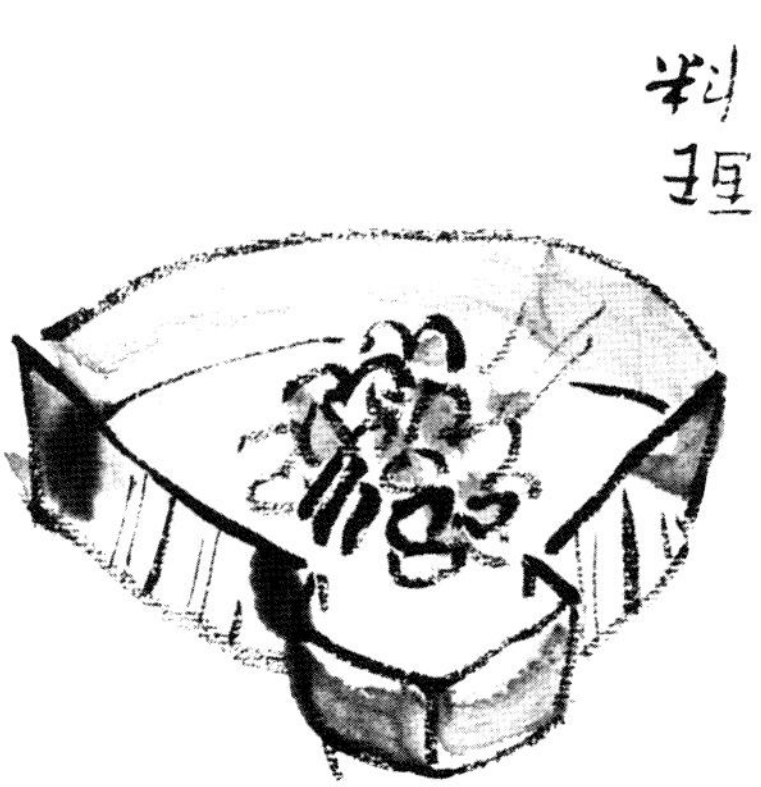

それを見ると志野、織部、黄瀬戸、唐津に九*谷、中国の赤絵や古染付まであらゆるやきものを持っていた。そこからええとこどり、といってはなんだけれど、多分にヒントを得ていたと思います。

大嶌　彼は作家というよりプロデューサーでしょう。やきものをはじめたのは四十代の後半で、いわば素人だから陶工に轆轤を挽かせて自分は絵付だけをする。職人的なこだわりがないせいか、多少山疵*が走っていても気にせず、そこに金を入れたり銀彩を施したりしてよりよく見せてしまう。そのへんの自由さ、頭のやわらかさに僕はひかれます。

坂田　いまは作り手が持てはやされる時代だけど、ほんとうに必要なのは魯山人のようなプロデューサーだと思う。腕はあっても何を作ればいいか迷っている作家は多いから、彼らに適切な指示を与えて、出来上がった作品の良否を見わける。そんな役割を果たす人が増えれば食器の水準はもっと上がるのではないでしょうか。

浦上　茶会には道具拝見という儀式がありますが、ほとんどの人は「結構です」としか答えない。魯山人はあれが許せなかったらしい。「何が結構かいってみろ」と怒ったそうです。茶人の曖昧な鑑賞態度を嫌ったんでしょう。彼の器も自由奔放のように見えて、細部まで神経が行きとどいています。

北大路魯山人《きたおおじ・ろさんじん》
1883～1959年。陶芸家。若い頃より書、篆刻にすぐれた才能を発揮、美食家としても知られる。備前、信楽、染付、赤絵ほか多彩な食器類を数多く残している。

備前《びぜん》
備前国伊部《いんべ》(岡山県備前市)一帯でつくられた陶器。12世紀より現代まで続いており、伊部焼ともいう。土に鉄が多く含まれているため、釉をかけずに焼くと濃い褐色の器肌になるのが特徴。

陶板《とうばん》
窯道具として器を焼成する際の台に使われた陶製の板を、数寄者が器と見立てたもの。寺院の壁や塀等に利用される壁瓦を指す場合もある。

坂田　そのことは食器ばかりでなく、住んだ建物や部屋のしつらい［57頁］、着ていた服にいたるまで、生活のすべてにいえますね。私は写真で知るだけですが、あそこまで衣食住のバランスが取れている人はそういない。空間と物が見事に調和しています。その点では暮しの美についてあれほどやかましくいっていた民藝の人達より、むしろ魯山人のほうが上かもしれない。私は民藝嫌いの魯山人こそ、真の民藝だと思っています。

大嶌　僕も同感です。彼の食器には嫌味な作もあるし、「うつわ名人」という評価にはかならずしも納得できないんだけど、空間の仕立て方、つまり場の空気を作ることにかけては間違いなく凄腕だった。たとえばこの部屋にはこんな行灯がないと絶対にダメだ、ない？　ないなら作ってしまえ、という人だった。

浦上　魯山人が食器を手がけた理由もそれでしょう。できれば古陶*を使いたいが、古いものは高価だし、なかなか手に入らない。そこで代りに新陶*を焼いた。

柳　あの人は食器を大量につくりましたね。だから昔は安かったんです。誰でもわりと気軽に買って使えた。ところが持ちあげる人がいっぱい出てきて、いまは箸置みたいなものでも馬鹿になりません。九谷の小皿なども本歌より高いんですから、本末転倒もはなはだしい。

5点の図は魯山人の盛付帖より、
自作の器で「一器多用」を示した例
1937年頃

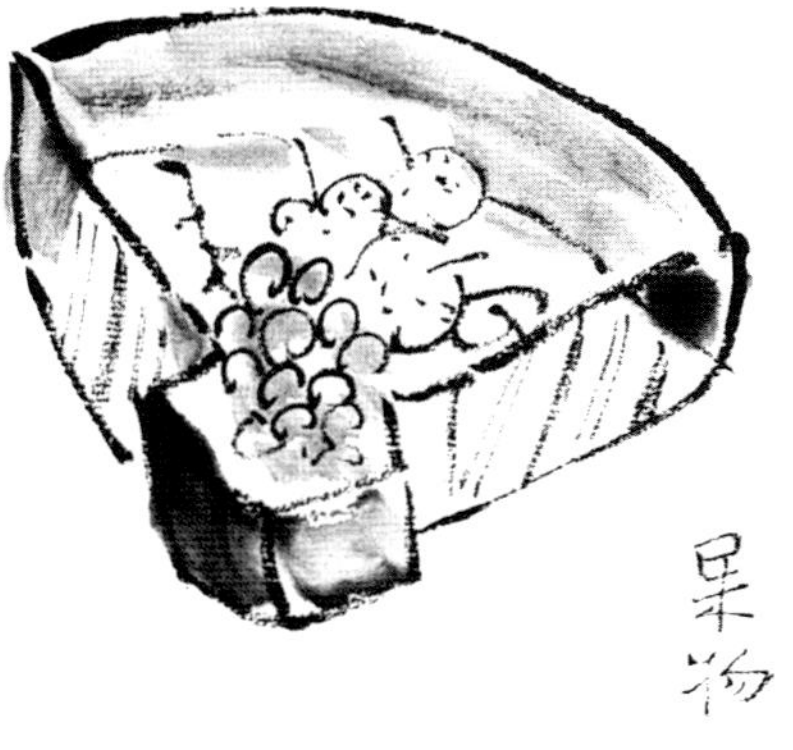

窯道具　かまどうぐ
製品を窯のなかに並べるときに使う耐火粘土製の器具。器をきれいに焼き上げるための保護と同時に窯内に積み上げて数多く詰め込むための円筒形の容器（匣《さ》鉢《や》）などがあり、何をどんな風に焼くかで使いわける。

板谷波山　いたや・はざん
1872〜1963年。陶芸家。主に磁器を手がけた巨匠で、端正なフォルムと流麗な薄彫りの文様で独自の作風を築いた。

富本憲吉　とみもと・けんきち
1886〜1963年。陶芸家。博学多識ながら終生探究心をもち、白磁、染付、赤絵、金彩とそれぞれに作風を完成。とくに陶磁器の模様の創造に生涯をかけた。近代陶芸を代表する作家。

北大路魯山人〈醤油差し〉２点　八勝館　撮影＝井上隆雄

青柳　編集部との打合せで「うつわ名人」の話になったとき、私は八木一夫*さん［63〜66頁］の名前を出しました。

　八木さんといえば前衛陶芸家集団「走泥社*」のリーダーだった人ですから、意外な顔をされた。私も八木一夫の器について詳しいわけではないんです。たまたま先日、友人が持っていた八木さんの盃［66頁］で酒を飲む機会がありました。さすがと思ったのは、口造りが紙のように薄くて唇が切れそうなんだけれど、じつに飲みやすくて、酒が口中にスーッと流れこんでくる。

　ところがね、いい気分で盃を重ねるうちに、だんだん怖くなってきたんです。粗相をして割ってしまうんじゃないかという恐怖もあった。でももっと恐ろしかったのは、八木さんの悪意のようなものを感じたことです。どうだ、俺はオブジェ作家として世に通っているが、器を作ってもここまでできるんだぞという八木さんの声と、それに続く哄笑が聞えた気がした。酔っ払っていたせいかもしれません。すぐに友人に盃を返して、別のぐい呑みで飲みつづけました。

柳　悪意ですか。生前おでん屋でよく会いましたが、気さくな方でしたよ。

大嶌　八木一夫と知って飲んだからじゃない？　だいたいオブジェをやってる連中がそれでは食えないからって作る食器は使えませんね、下手で。八木さんは違ったんだろうけど。

九谷《くたに》
石川県金沢市、小松市、加賀市一帯で作られている陶磁器。再興九谷ともいう。江戸時代後期に始まり、細密な絵付の赤絵や金襴手（p70）が特徴。江戸時代中頃に焼かれていたと思われるのは古九谷様式と呼ばれる。

山疵《やまきず》
窯のなかで焼成しているときにできた陶磁器の疵をいう。

古陶《ことう》
制作年代が古く、骨董的な価値のある陶器のこと。

新陶《しんとう》
現代作家が焼いた陶器のこと。

八木一夫《やぎ・かずお》
１９１８〜１９７９年。陶芸家。京都の陶工・八木一艸《いっそう》の長男として生まれる。１９４８年、陶芸団体「走泥社」を設立。やがて非実用的な陶のオブジェを発表し始め、日本の前衛陶芸の先駆者となった。

走泥社《そうでいしゃ》
１９４８年、京都在住の陶芸家・八木一夫、鈴木治、山田光、松井美介、叶光夫の5名で結成された前衛陶芸家グループ。実用にとらわれない、土による造形芸術を目指した。１９９８年、解散。

器のゆらぎ

前衛陶芸家・八木一夫の隠し技

青柳恵介

［上／左］八木一夫〈染付網目文茶碗〉　高5cm

八木一夫〈ザムザ氏の散歩〉
1954年　高26cm　撮影＝野中昭夫

八木一夫は陶磁器の実用性を否定して様々な「オブジェ陶」を作ったが、酒に酔うと「わしら茶碗屋でっせ」というのが口癖であったらしい。

今、残っている八木一夫の作った器――実用性をもった茶碗やぐい呑み等々――の数は決して少くなかろう。それらを余技と呼ぶことが適当であるか否かの議論は措くとして、それらを眺めてみると、いわば身過ぎ世過ぎで拵えていたものという印象はまったくない。むしろ八木一夫自身が述べているように、オブジェと言うならばすべての焼きものがオブジェであるという認識を主張し、また人にそれを説得する力をもった器である。古陶磁の持つ魅力的な線や形を抽出し、敬愛する石黒宗麿の作品の発想に応じつつ、そのことにおいて他ならぬ作者の表現が成り立っているさまに接すると、具象の中に抽象が見え、抽象

[右]八木一夫〈飛白文汲出茶碗〉
高5・2cm(手前)
[左頁]八木一夫　1967年、京都五条坂の
仕事場にて　撮影＝野中昭夫

が具体を形成し、具象とか抽象とかという捉え方も混沌としてきて、器がぶるぶる震え出すようだ。事実、八木一夫の器は緊迫感にゆらいでいる。

周知の通り、八木一夫は京都五条坂の陶家に生れ、若いうちから陶芸の技術を叩き込まれた。くわしいことは知らないが、才能のある青年が旧来の京焼きの殻を、その内側から破ろうと試みたときに、青年の肩にかかって来る重圧は想像するだに憂鬱なものだ。八木は、あるインタヴューで京都という土地柄についてこう語っている。「漬物こしらえて格子の後ろからジローッと街見てね、自己防衛に非常に繊細な気を働かして、というふうなとこでしょ。そやから僕はねえ、自分を逆上さすためにも、それからまた逃げていくためにも、非常にいい場所だと思うんです。ただ、それがねぇ。逃げていくような姿勢になった時に、僕は、ああ京都ちゅうとこに

八木一夫〈鉄釉皿〉の表と裏　径26cm

住んでて、えらい損やな、と思うんだろうと思うんですけどね」と。

底意地の悪そうな婆さんと爺さんが世間話にはさんで「八木さんとこのボンはとんでもないものを作りよるなあ、天才は人騒がせや」などと聞こえよがしに話す声を聞くことは日常のことだったろう。今、「走泥社」の中心人物だった八木一夫や鈴木治の仕事が凡百のその後の前衛芸術家の仕事の中で、依然として際立って緊迫感をもって存在しつづけている理由の一端は、八木にしろ鈴木治にしろ、「格子の後ろからジローッと」見つめられる京都の憂鬱に負けなかった力を持っているからだろうと思う。のみならず、八木自身の言葉を用いれば「逆上」しつづけることによって、京都の憂鬱をみずからの作品の内側にとりこんでしまったと言うべきではなかろうか。酔ったときの口癖である「わしら茶碗屋でっせ」という言葉には、多分の韜晦が感じられるけれども、本質的には彼の自負心の表明であろう。

轆轤を挽かせたら誰にも負けない。しかし自分はそれを型おこしでやってみようではないか、人が型おこしでやるところは、手びねりでやってみようではないか。その「逆上」が緊迫感をはらみ、作品に生動をもたらすのである。

結論を記そう。彼の実用性を持った器は、余技ではない。「オブジェ陶」の経験を傾けて挑んだ真剣勝負の作陶であり、それは随所に本歌取りを試み、批評性の強いことを属性とする京焼きに他ならない。そこに私は八木一夫の魂のゆらぎを見る思いがする。

［右上2点］八木一夫〈伊羅保釉盃〉で酒を飲んだ筆者は、「茶碗屋」八木一夫の強烈な自負心を感じたという　口造りが紙のように薄いが、じつに飲みやすい　長径8cm

赤絵が欲しくなるとき

青柳　先ほど柳さんから、ふだん使うには白磁の器がいちばんとのお話がありましたが、ほかの方はいかがですか。

大嶌　僕もそうです。料理との相性はもちろんのこと、白磁には嘘がないから。無地の器、とくに白磁はかたちで勝負するしかない。文様があると眼はどうしてもそれに向いてしまう。どんなに単純な幾何学文でも描線の肥痩や*呉須の濃淡に気をとられて、器形を見る眼が甘くなりがちです。逆に作り手の立場からいえば、少々轆轤や削りがまずくても文様でごまかせる。だから白磁の作家はつらいと思う。白磁の器を店に並べると、ひとつひとつの出来の差が遠目にも歴然としますから。

坂田　私は同じ白でもかっちりした磁器より、*粉引や*デルフト白釉［83頁］といったやわらかい肌の陶器が好きです。*李朝白磁でいうなら初期よりも中期の、しっとりと光を吸収するような白、*民藝館で*半陶半磁と呼んでいる手のものにひかれます。

柳　李朝の本歌にはかないませんが、富本憲吉さんの白磁はいいですね。世評の高い染付や色絵よりすぐれていると私は思います。

浦上　確かに富本の白磁はかたちも肌も魅力的です。しかしだんだん白磁をつくるのがきつくなって加飾に転じた、つまり文様という着物を着せたという話を聞いたことがあります。

坂田　富本さんの代名詞であり、彼が考案した文様のなかでも最高傑作といわれる羊歯文、私にはあれがどうしてもわからない。金銀彩や赤絵でびっしりと描きこんであって、なるほど技巧的には相当のものなんだろうけれど。少なくとも私は欲しくありません。

呉須　ごす
染付の絵付に使う顔料。酸化コバルトを含む鉱物で、上に釉をかけて焼くと藍色になる。

粉引　こひき
粉吹きともいう。李朝陶磁の装飾法の一つで、透明な釉を施す前に素地にかけた肌理の細かい白泥が、粉をまぶしたように見える。粉引という命名は日本の茶人による。現代韓国では粉青沙器《ふんせいさき》の一つとされる。

デルフト白釉　デルフトはくゆう
17世紀頃より、デルフトをはじめオランダ各地でつくられた陶器のうち絵付のなされていない白い手のもの。錫を含んだ白い不透明釉がかかっている。

李朝白磁　りちょうはくじ
李朝時代（1392～1910）を通してつくられた、文様の無い白磁の器のこと。初期・中期・後期と、それぞれの色目光沢の魅力を持つ。

青柳　白洲正子*さんが宋赤絵*の碗を買ったとき、青山二郎*に「なんだこんなもの、竹久夢二じゃないか」と馬鹿にされたそうです。どうもこの国の骨董好きには、やきものはかたちや肌の質感を愛でるもので、きれいな絵や色に飛びつくのは少女趣味だと見下げるふうがある。左党が甘口の酒なんか飲めないとうそぶくのと一緒で。しかし宋赤絵［左頁］にしても、明の嘉靖*、万暦*の赤絵にしても決してつまらないものではありませんね。日本でも奥田頴川*の赤絵は悪くないし、魯山人だって色絵の器をたくさん作っています。みなさんがふだん使っている食器はわりと地味なものが多いようで、色絵磁器を挙げたのは浦上さんだけですが、どうでしょう、赤絵、色絵が生きのびる道はあるのか。

坂田　ことさら赤絵を拒否するつもりはないんですが、そういわれてみると使っていない。私は基本的には食器に文様はいらないと思っています。盛った料理が文様になるから。

浦上　それはよくわかります。でもね、たとえば今日持ってきた林邦佳さんの豆彩*の皿［22頁］、これに刺身を盛ったとします［18頁］。ひと切れ食べるとドナルドダックみたいなかわいい顔の鳥が出てくる。三切れくらいつまむともう一羽、仲間の鳥があらわれる。

青柳　美人の女の子だとなおいいな。

浦上　うん。それって楽しいと思いませんか。柳さんから寄向の話が出たけれど、そんなふうに互いの皿を覗きあって「俺のほうがかわいいな」とか「私のだって負けてないわ」なんて会話も生れるでしょう。

　この絵柄は蓮池水禽文といって明の正徳あたりに本歌のあるものですが、なかなかの出来です。古い文様を写す作家は多いけれど、ここまでしっかりしたものは少ない。しかも林さんは古い技法に学びながらたんなる写しに終っていません。銀彩の食籠*［23頁］についていえば、古器*に金襴手*はあっても銀襴はおそらくない。その意味では、林さんの創作です。

大嶌　料亭で使う器だと思う。

浦上　確かに。でもこの食籠に小籠包とか、あるいは豚の角煮を入れたっていい。蓋を開けると柚子が香ったりしてね。食器の一点豪華主義というか、たまにはこうした器も使う

民藝館《みんげいかん》
東京都目黒区駒場にある日本民藝館のこと。美的対象としてとりあげられてこなかった日用雑器に美を見出した柳宗悦の民藝運動を具体的に示すため、昭和11年に設立された。

半陶半磁《はんとうはんじ》
半ば陶器、半ば磁器、磁器になり切っていないやわらかな(素地がもろい)やきもの。まろやかな魅力がある。

白洲正子《しらす・まさこ》
1910〜98年。随筆家。能、骨董、古美術に造詣が深く、多数のエッセイを残している。生前の暮らしぶりをしのぶ旧宅「武相荘」が現在一般公開されている。

宋赤絵《そうあかえ》
中国宋代に焼かれた最古の赤絵。12〜13世紀に華北で作られた。素地に白い土をまぶし、透明な釉をかけて焼いたものに、赤、緑、黄などで文様が描かれている。

青山二郎《あおやま・じろう》
1901〜79年。美術評論家、装幀家。小林秀雄、河上徹太郎、中原中也らと親交し、評論や装幀を発表する。骨董、とくにやきものの鑑賞眼は随一だった。

と、ふだんの料理が立派な御馳走に見えるんじゃないかな。

青柳　私も伊万里の金襴手の皿を買ったことがあります。ついきれいだなと思って。ところがほかの器ととりあわせてみるとやっぱり難しい。それでいまは食後にワインを飲むとき、その皿にチーズを乗せています。どことなく異国情緒があって気分よく酔えるから。

柳　私が商いをはじめたころは、通りものといって、器の種類が八通りやら十通りやらある組物が市に出ていました。伊万里の寸法違いの皿や向付

嘉靖の赤絵《かせいのあかえ》
赤絵に金彩を加えた華麗で精巧な磁器。中国赤絵の一つのピーク。明の嘉靖年間（1522〜66）に、中国最大の窯業地・景徳鎮に置かれた官窯で盛んに焼かれた。

万暦の赤絵《ばんれきのあかえ》
明末の万暦年間（1573〜1619）に景徳鎮の官窯で焼かれた赤絵。嘉靖期より若干頽廃的で、さらに濃密な多彩絢爛たるものになった。日本では「万暦赤絵」と呼ばれ、昭和になって人気を集めた。

奥田頴川《おくだ・えいせん》
1753〜1811年。江戸中期の京都の陶工。京都では初めて磁器の焼成に成功した。呉須赤絵と呼ばれる明末清初の放胆な赤絵の写しを得意とした。

豆彩《とうさい》
明の成化期（1465〜87）にはじまった色絵法。文様の輪郭を染付で細かく縁取りした後、淡緑、淡黄、赤などの色釉を塗る。淡緑釉が青豆を思わせることから豆彩と書くとする説と、色彩が競い合うように用いられているので闘彩と書くとする説とがある。

［上］五彩水禽文碗　磁州窯　金時代（13世紀）
径17・3cm　東京国立博物館

［上］赤絵花蝶文楕円皿（林邦佳作）　長径15・1cm

や蓋物*がそれぞれ二十客ずつあって、たいていが赤絵で、文様も全部一緒。旧家の宴会に用いたものです。当時それを買うのは決って西洋人でした。

大嶌　洋食器のセットに近いから。

青柳　赤絵の器にはバタくさい食べものが合うのかもしれませんね。

浦上　冷奴なんかも赤絵のほうが映えるでしょう。

大嶌　僕は赤絵も嫌いじゃないんです。ただし松竹梅とか雲鶴文みたいな古典柄は敬遠したい。いまの暮しに合わないので。好きなのは使いこまれて擦り切れた赤絵［左頁］です。昔の人は食器を砂で洗ったから、上絵がかすれて何の文様かわからなくなっている。そうした器なら無地の土ものと合わせても違和感がありません。

柳　ぬりものでいえば根来*ですな。

大嶌　そう。何も赤絵だからといっていちいち盛付に神経を立てることはないと思う。切干大根とかきんぴら［27頁］みたいな惣菜は磁器*より陶器*という先入観があるけれど、渋い赤絵なら大丈夫だし。

それに赤絵はまだましなほうですよ。黄交*

食籠《じきろう》　食物を入れる容器。蓋のあるものが多く、かたちは円形、方形、六角形、八角形、輪花形とさまざま。

古器《こき》　古い時代に製作された器のこと。

金襴手《きんらんで》　色絵や染付に金箔で文様を焼き付けて装飾した豪華絢爛なやきもの。金泥を用いたものも含む。銀の文様のものは銀襴手。

蓋物《ふたもの》　丼物の鉢など、蓋つきの陶器のことをいう。

根来《ねごろ》　漆工芸の塗の技法の一つ、根来塗のこと。下地に黒漆を塗り、その上に朱漆を施したもの。使い込むと朱が剝げてところどころ下地の黒漆が斑文のように表れるため、茶人に好まれてきた。

磁器《じき》　素地が白色かつ半透明で、もっとも硬いやきもの。吸水性はほとんどなく、たたくと金属的な音がする。中国で始まり、日本では17世紀に有田で焼いたのが最初。瀬戸でもつくられた。

趾なんて真っ黄色で気色悪いくらいだけど、料理屋で緑のものがちょっと盛ってあるとそれなりにおさまっている。つまり器を生かすも殺すも盛る人の腕次第でしょう、料理の腕前という意味ではなくて。

青柳　渋好みのみなさんに野暮を承知で赤絵の話を切りだしたのは、私自身が時々、食卓に色のついた器が欲しいなと思うことがあるからなんです。また酒の席でも、ほんのり頬を桃色に染めた妙齢の御婦人がね、赤絵の盃なんかで飲んでいるのを見ると、じつに色っぽくて、嗚呼、自分もあれで飲んでみたいなんてふと考えてしまう。

坂田　その気持はよくわかります。たまには甘いものが欲しくなる。

使いこまれて擦り切れた「根来ふう」の赤絵
[上]色絵角鉢　明治時代　径13.5cm
[下]瀬戸赤絵旗文皿　明治時代　径24cm

陶器《とうき》　土ものともいう。粘土を主原料とし、磁器よりも低めの温度で焼く。少し吸水性があり、釉薬をかけるものとかけないものがある。土器よりも硬く磁器よりも軟らかい。

黄交趾《きこうち》　中国南部で明末清初に焼かれた交趾焼の一種。交趾（ベトナム北部）と日本を往来する貿易船で運ばれたことからその名がついた。黄、緑、紫など鮮やかな釉で彩られている。

白洲正子と向田邦子

大嶌　せっかくの機会だから、みなさんに訊いてみたいことがあります。白洲正子さんてほんとに眼利きだったんですか。

青柳　どういうこと？

大嶌　店に来た若い客に訊かれたんです。白洲さんの歿後いろんな雑誌が特集を組んだし、本もたくさん出たけれど、「大嶌さん、白洲さんのどこが偉いの？」って。僕は彼女に会ってないし、さほど興味もなかったんですが、質問に答えなきゃと思って白洲さんが持っていた骨董や食器の写真集を片端から見た。

青柳　いかがでしたか。

大嶌　骨董の名品はさすがでした。でもふだんづかいの食器の選択は正直いって甘いと感じた。食器屋として見ると、こんな器で食えるかというものが少なくない。酒器などの高級品は筋が通っていて納得できたけれど、雑器はいい加減に選んでいる気がした。安物だから適当に集めておこうという気持だったのではありませんか。

柳　先生とは長いお附合いでしたが、高い安いに関係なく御自分で気に入ったものだけを買われましたよ。そしてどんなに高価な品でもかならず使う。壺を買えば花をいける。それで欠けたらしょうがないという方でした。

大嶌　それは当り前でしょう。器は使うためのものなのだから。

柳　しかし古いものを美術品と思って買う人

向田邦子　1980年、青山の自宅にて
テーブルの上の湯呑は北大路魯山人の作
撮影＝田村邦男

も多いんです。ふだんは箱に仕舞っておいて、趣味を同じくする相手が来ると押入から出して愛でる。どんどん使うという白洲先生のような方はめずらしい。

大嶌　使うならなおさらしっかり選んでほしかった。たとえばある本に載っていた馬*の目皿を見たとき、このていどの馬の目で満足していたのかとがっかりしましたね。

柳　それは仕方ない。馬の目を選ぶのにいちいち神経を尖らしたりはしません。何か盛るのにちょうどいいからとごく軽い気持で買われたと思います。

青柳　世代の差でしょう。馬の目皿とか無文の石皿を一枚ずつ真剣に選ぶようになったのは坂田さんや大嶌さんの世代からではないですか。そうした雑器を白洲さんが馬鹿にしていたとは思いませんが、選び方が甘いといわれればその通りかもしれない。

浦上　僕は白洲さんの文章はとても好きだし、素敵な方だったことは間違いないにしても、神格化はよくありません。白洲さんだってヘンなものも買ったはずで、その意味では大嶌さんの発言は妥当な問題提起だと思う。

坂田　白洲さんが最後に買ったのが高価な粉引の徳利だったと聞いて、私は残念な気がしました。それがたとえば大嶌さんの店のものだったらさすがと唸っただろうし、またそうあってほしかった。粉引の名品では青山二郎や*小林秀雄の眼の範疇を一歩も出ていない。彼らは骨董の達人と呼ばれるけれど、互いの眼に頼りあっていたところも多いのではありませんか。

大嶌　白洲さんの本を見ながら、僕は*向田邦

向田邦子旧蔵の安南仕込茶碗［下］と伊万里染付蓋付碗（三種）［左頁］

子〔72頁〕のことを思い出していました。こちらも本でしか知らないんですが、彼女が使っていたもの、その選び方は素直に納得できる。僕の好みとは違うけれど伊万里の茶碗〔下〕なんか色っぽくて感心したし、食器に限らず洋服やペンやクリップひとつの安物にいたるまで自分の眼に正直に選んでいる。白洲さんは自分の眼を持っていたんでしょうか。青山や小林が箔をつけたブランド品を買っていたにすぎないのではないか。だからブランド品以外の、馬の目皿みたいな雑器になると途端に眼が甘くなるんだと思います。

青柳　そんなことといったらみんな誰かの影響を受けている。向田さんには青山二郎のような口うるさい師匠はいなかったかもしれないが、ものの見方を教わった相手はいたはずです。それに白洲さんの話になるとすぐ青山、小林となる

馬の目皿《うまのめざら》
渦巻文様が描かれた大皿や大鉢。文様が馬の目に似ていることからこの呼び名がついた。瀬戸で焼かれた庶民の雑器で、江戸後期頃から明治初期まで盛んに製造された。

小林秀雄《こばやし・ひでお》
1902~83年。評論家。文学、思想、絵画、音楽、骨董など、多分野にわたる評論活動で、近代文芸に大きな影響を与えた。青山二郎や白洲正子らとも交流があった。

向田邦子《むこうだ・くにこ》
1929~81年。放送作家、小説家。洞察力に富む人間描写で評価の高かった人で、自身の衣食住にも目配りが効いていた。料理上手で知られ、器も染付から洋食器まで気に入りを揃えていた。

けれど、彼女には益田鈍翁*や柳宗悦*、魯山人の眼だって入っています。自分の眼なんてそうした先人の眼が混じりあったものでしかありえないと思う。ブランド云々についていえば推古の鈴を首飾りにしたり、桃山の七宝*の金具を身につけたのは白洲さんが最初で、誰の真似でもない。雑器にしても麦藁手*の茶碗は彼女が評価したことで値が上がったのではありませんか。

　ふだんの食器も、大嶌さんがいうように買い方は雑だったかもしれませんが、食卓では厳しかった。この皿は嫌だから下げてとか、かなりうるさかったですよ。李朝白磁の角皿をさりげなく醤油皿に使ったり、演出も上手でした。

向田邦子旧蔵のウェッジウッド製ティーセット
かごしま近代文学館（前頁も）
クロワッサン特別編集『向田邦子を旅する。』より（前頁も）

益田鈍翁《ますだ・どんのう》
1847〜1938年。実業家、茶人。本名は孝。三井物産を興し、経済人として活躍する一方、古美術の大蒐集家でもあった。茶の湯を好み、今も続く大茶会「大師会」を創始するなど、近代における茶の湯の復興に力を尽くした。

柳宗悦《やなぎ・むねよし》
1889〜1961年。民藝運動の創始者、美術評論家。明治43年、学習院在学中に志賀直哉らと文芸雑誌『白樺』を創刊。大正末期に民藝運動を始め、昭和11年に日本民藝館を創設、初代館長となる。

七宝《しっぽう》
銅、金、銀などの金属素地の表面に、熱で熔かした着色ガラスを焼き付けて装飾する技法。

麦藁手《むぎわらで》
茶碗などに、縦縞文様が描かれているもの。その筋文が麦わらを思わせることからいう。

「買う」はいちばんの褒め言葉

青柳　現代のやきものを見るとき、いつも思うことがあります。古いもの、たとえば信楽の壺なら鎌倉と室町では明らかにかたちが違う。伊万里の染付も江戸の初期と後期ではまるで雰囲気がかわる［下］。つまり時代が見えるんです。ところが現代のやきものはあまりに混沌としていて、時代のかたちがない。昭和あるいは平成のやきものを後世の人が見たらどんな感想を持つんだろう。きっとつまらない時代というんじゃないかな。

柳　昔は丹波の陶工は丹波のやきもの、唐津の人は唐津だけを作っていました。器の種類もいまほど多くなくて、みな同じようなものを拵えていたから作行の変化が見やすいんです。しかしいまの作家は古典の写しもやれば現代風のモダンな器も焼きます。この金重さんの備前の徳利［24頁］は現代製ですが、本歌は室町から桃山時代にできたものです。そうなるとこれを平成のかたちとはいえませんね。

青柳　骨董屋さんと現代陶器の話をすると、ほとんどの人が「古器を真似してもダメだ、現代の器を創作すべきだ」といいます。でも坂田さんが挙げた高仲健一さん［13頁］は李朝だし、安藤雅信さん［14頁］もデルフトの皿［83頁］をうまく本歌取りしている。

坂田　新しい造形といっても食器には限界がありますよね。皿、鉢、碗にしても長い年月をかけて完成した器形だから、食器を作る以上あるていどそれを踏まえないとできない。私は写しでいいと思うんです。コピーといえば縄文以降は全部コピーなんだし。それに彼らは古作をた

同じ伊万里でも、初期と後期ではまるで違う
右は江戸時代初期の伊万里染付草花文猪口
高4・3㎝／左は江戸時代後期の伊万里染付
格子文猪口　高5・5㎝

だ模倣しているわけではありません。あくまでも参考品で、自分の個性を打ちだすための手段にしている。

浦上　現代の作家がつらいのは、新作展のたびに前回と違う作風を求められるでしょう。前と同じだと自己模倣に陥ったなんて批判される。昔の陶工は一生どころか親子三代に渡ってひとつの作風を極めればよかった。古代中国にいたっては何千年も同じものを作りつづけています。そう考えると、一人の作家が数年ごとに作風をかえないといけないのは気の毒ですね。

大嶌　しかし実際はそんな誠実な人ばかりではない。売れっ子にはたいてい人気商品があって注文も大量に来るから、どうしても過去の自作をコピーする羽目になる。そうなるともうダメです。新しいことに挑む緊張感がないからろくなものができない。

新しい作風を試みた作家が一発目に上げたものには、やっぱり勢いがあります。気迫とか迷いとか、いろんな思いが宿っている。僕は試作品が好きなんです。この額賀章夫の小皿［左頁］がそう。それまで土*ものを焼いていた彼に白磁をやってみないかと持ちかけたとき、最初に送ってきた見本です。手に取った瞬間これなら行けると確信した。その後彼が作った尺皿、長皿、蕎麦猪口ほかの白磁の食器［29頁］は技術も上がっているし、どれも素直で使いやすいんだけれど、この小皿にはかなわない。何が違うのかはうまくいえませんが。

坂田　初期の作がすぐれているのは古いところも同じだと思う。縄文なら早期や前期のものがいいし、信*楽は鎌倉、伊万里も初期のほうが味わい深い。

柳　常*滑の壺もそうですね。平安のものは作りが薄手で引締まった姿をしていますが、鎌倉の壺は泥くさい。それは歴然としています。

坂田　仏教美術にしても鎌倉より平安以前の作に私はひかれます。運慶、快慶といった名工の手による鎌倉の仏像はムキムキの筋肉マンみたいで、ヨーロッパでいえばミケランジェロあたりのルネサンス彫刻でしょう。一方ただボーッと立っているだけのロマネスクの彫像は奈良時代の仏像に近い。その差ってなんだろうといつも思うんです。鎌倉やルネサ

土もの《つちもの》
磁器以外のやきもののこと。磁器を「石もの」というのに対して用いる。

信楽《しがらき》
滋賀県甲賀郡信楽町一帯でつくられる陶器。釉はかかっていないが、焼成中に窯の中の灰と素地の成分が化合し、赤く焦げた器肌にガラス状の釉（自然釉）が生じる。12世紀後半頃より始まり、桃山以降は茶陶も多く焼かれた。

常滑《とこなめ》
愛知県常滑市周辺で焼かれる陶器。濃緑色の自然釉が特徴。平安後期にはじまり、鎌倉、室町期には千以上の窯で壺や瓶が盛んに製造された。明治以降は土管や急須の生産地としても栄えている。

ンスの美術が個人の技を誇る芸術なのに対して、平安以前とかロマネスクは技術を超えた信仰であり、柳宗悦の言葉を借りれば「用の美」なのかもしれない。宗教という用のための道具だから。

　現代のやきものに話を戻すと、有名作家が作った桃山風の茶碗がひとつ数百万円もする。それはルネサンスの筋肉マン的な美術品です。他方でさほど有名ではないけれど、安い値段の食器を大量に生産する作家がいる。その仕事はロマネスクに近いと思う。ひとくくりに現代作家といっても両者の違いは大きい。

浦上　陶芸家のなかには「自分は食器屋じゃない」とか「食器は卒業した」という人がいます。数物より一点制作の茶碗や花入など、茶道具を格上に見るふうがある。

大嶌　茶道具のほうが儲かるからね。食器に卒業はないでしょう。中途半端に個性的な茶道具と違って食器は引際が難しい。料理が生きてナンボの世界だから作家の個性が強いと嫌味になる。

坂田　バブルのころかな、作家物の値段がかなり上がった。いったん値がつくともう下げられないから、それで困っている作家も多いのではありませんか。

青柳　いまは売れないから本音は下げたいのに。

坂田　そう。でも値段の話は難しいですね。作家にも生活があるし。ただ、皿鉢ひとつが五万円もするような作家は不幸だと思います。とてもふだんづかいにはできないから、桐箱のまま仕舞われるのがオチでしょう。

柳　いや一万円でも客用になりますよ。

坂田　作家の個展に行くと、たいてい出口附近に湯呑とか丸皿とか安いものが置いてある。

青柳　買わないと出にくい。

坂田　うん。だから同じような器が増えてゆく。

青柳　統一感はあるわけだ。

坂田　安いというところでね。私が選ぶのはせいぜい一万円以下のものですが、それでも「買うはいちばんの褒め言葉」と思って、何か買うようにしています。

額賀章夫の試作品を手に「新しい作風に挑んだ作家が一発目に上げたものには力がある」と大嶌さん

この器で食べたい

青柳　いま坂田さんがいったように、作り手にとっては作品の良し悪しを抽象的な言葉で聞かされるより、一点でも買ってもらったほうが励みになると思うし、もっと張合いがあるのは信頼できる眼を持つ人から「こんな器を作ってほしい」と注文されることではないでしょうか。大嶌さんの店では毎年額賀さんの個展を開いているそうですが、先ほどの白磁のようにそのつど何か指示を出すのですか。

大嶌　指示というか、彼も独立した作家ですからこちらの希望を押しつけることはできない。僕がいくら働きかけても額賀君に興味がなければ「やめとこう」ということになります。白磁を頼んだときは向うも不安だったと思う。なにしろそれまで白磁を焼いた経験がないんだから。

青柳　なぜ白磁を依頼したのですか。

大嶌　自分で使いたかったんです。白磁の器ってなかなかいいものがないので。額賀君はとにかく数を挽く男で、そうした職人的な仕事ぶりを信用していたし、錆*粉引や*鉄釉といった土もの［28頁］で実力は承知していたから、彼なら大丈夫だろうと。

　かたちや寸法など具体的な指示は出していません。ふだんとハレと両方使えたらいいとか、デルフトの白のようにやわらかい味とか、そんなイメージを電話でやりとりしただけで。

青柳　額賀さんの白磁のどこがすぐれていると思いますか。

大嶌　ほどよい厚みがあるから安心して使える。角皿［下］の縁の処理もうまいですね。スパッと断ち切るんじゃなくて、ちょっと土が残っているところが。それに磁器にしては肌がやわらかいんです。うちの店でふだん土ものしか見ない客が額賀君の白磁は買って帰

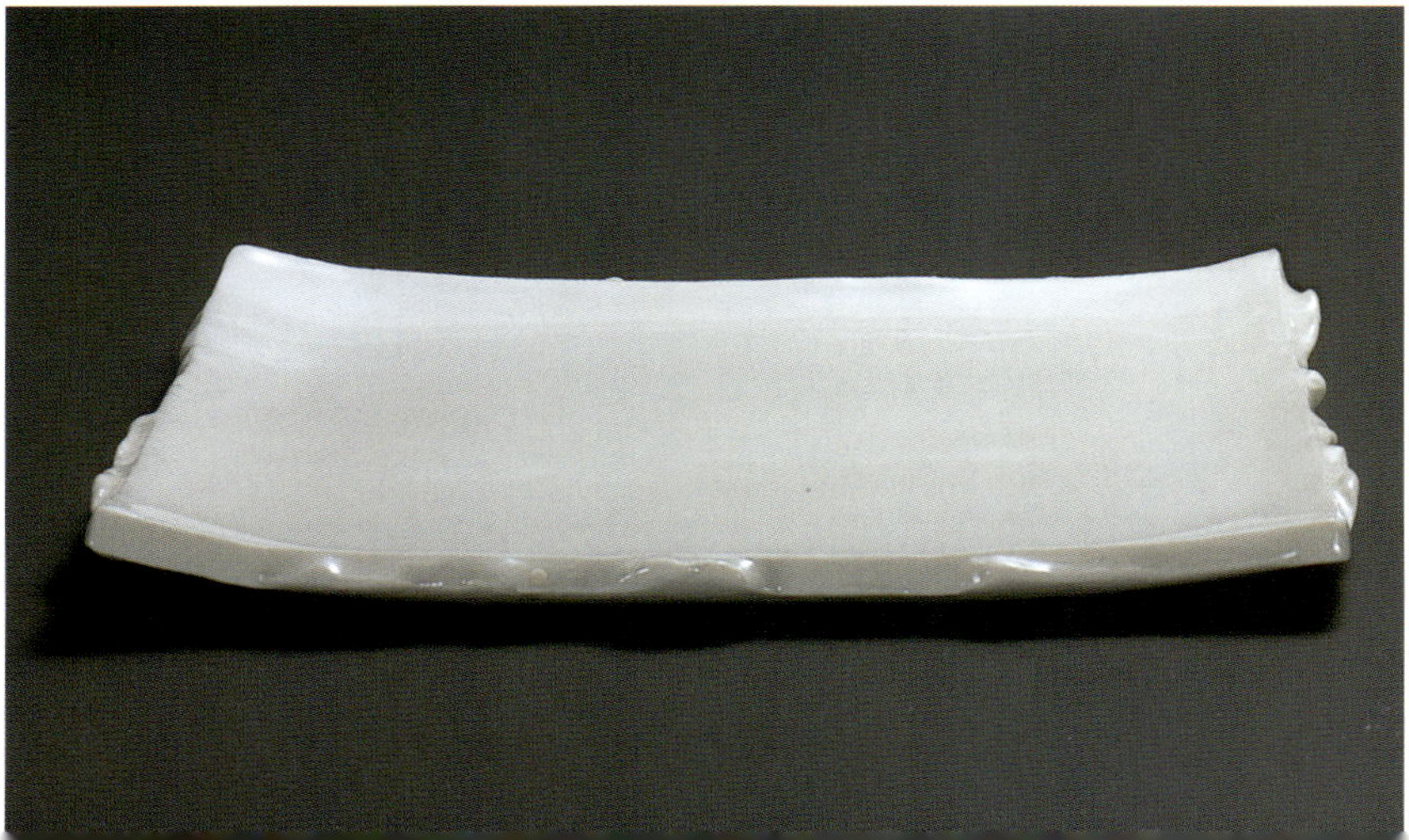

「ほどよい厚みと縁の処理の具合がいい」と大嶌さん
額賀章夫の〈白磁六尺角皿〉18・5×18・5cm

りました。

青柳　柳さんも知合いの作家にふだんづかいの器を注文するそうですね。

柳　ええ。小松華功さんにはいくつも作ってもらいました。はじめに吹墨*の皿［左］をお願いしたんですが、出来上がりを見ると真ん中に紅葉が抜いてある。いや紅葉はいらん、吹墨だけでいいのやと直してもらってね、何枚か寸法違いの皿を料理に合わせて使っています。

青柳　かたちや寸法も注文しますか。

柳さんが注文して作ってもらった小松華功の吹墨の皿　径18.5cm（丸皿）

銹粉引《さびこひき》
額賀章夫さんの粉引の器（P28）に対する呼び名。ところどころ赤い銹が浮いたような色合いになっていることから大嶌さんが名付けたという。

鉄釉《てつゆう》
鉄分を含んだ釉のこと。青磁釉、黄瀬戸釉、天目釉、黒釉などが代表的。

吹墨《ふきずみ》
染付の手法の一つで、呉須を霧状に吹きかけたように見えるものをいう。

柳　おもに寸法ですね。吹墨の長皿は大中小と三通り。長皿というのは伊万里でもだいたい寸法は同じなんですが、実際に使うとなると大きさが中途半端で盛りにくい。魚をのせるときにメザシみたいのはより小さいほうが具合がいいし、秋刀魚はふつうの寸法では頭と尾がはみだしてしまいますから、長めの皿も拵えてもらいました。
　この茶碗［37頁］は汲出*の寸法だったんです。それを小松さんのお宅で見て、かたちはこのままでいいから大きくしてと頼みました。

青柳　面取*の湯呑［37頁］もなかなか味がありますね。

柳　はい。最初お願いしたときは几帳面な面取で、口も端反*になっていました。それで面取はもっと無造作にしてほしい、面の数が不揃いでも構わんからと。端反もまっすぐのほうがきれいやからとね。

青柳　そんなふうにいろいろいってくれる人がいると作り手も嬉しいでしょう。

柳　さあ、どうですかな。ただ、おまかせしますといって、気に入らんものを辛抱して使

柳さんがふだんづかいにしている
九谷青窯の白磁鎬皿　径25cm（最大）

汲出《くみだし》　煎茶茶碗よりやや大振りの茶碗で、もてなし用に使われる。もともとは、茶事の際、招かれた客が最初に入る部屋（待合）に備えられた茶碗を指す。白湯を汲んで出したことからこの名が付いた。

面取《めんとり》　丸く成形した器の表を、ヘラなどで削って多面体にしたり、角になっている部分の頂点を軽く削り落としたりすること。

端反《はたそり》　「はぞり」とも。器の口縁が外部に反っているのをいう。

用語監修・青柳恵介（P39～82）

うよりは、好みを伝えて作ってもらった器で喜んで食べたほうがね、どちらにとってもいいのと違いますか。

青柳　坂田さんはいかがですか。

坂田　注文はできないなあ。新陶の作家、とくに若い連中の作品は、私にとって高価な骨董品よりも刺激的なんです。こっちは古いものを扱っているけれど、自分が探しだしたものと連中が作ったものを比べたときに負けたくないという気持がある。それで負けたら、素直に買う。

浦上　僕は新陶と古陶を見るときでは頭を切りかえていますね。そうしないと新陶作家に対してものすごく点が辛くなるから。この仕事をしていると時代を超えて選びぬかれた名品にふれる機会が多いでしょう。そうした歴史的一級品と現代の作品ではやっぱり勝負にならない。もちろん古いものがすべて優品なんてことはありえなくて、評価の対象にもならない駄作はいつの時代も山ほどあります。おそらく現代にも。だから現代の作家が後世に、極端にいえば千年後に評価される作品を一点でも残せたら、以て瞑すべしなんじゃないかと思う。

柳　それはね、結局は美しさですよ。昔のものでも、いまのものでも。額賀さんの白磁は我々が見てもとてもいい。私自身は古いものへの愛着が強いかもしれません。でも古いからよくて、新しいからいけないということはないんです。

ただ今日はふだんづかいの話でしょう。家庭の食器となると、いくらいいものでも一客百万もしたら使えませんな。雑に扱うわけではないけれども、やはり値段も手頃で、たとえ欠けても仕方ないと思えるくらいでないと。あとは好きに選んだらいいんです。これで食べたいと思える器をね。

デルフト白釉皿　オランダ　17世紀後半
径21.3cm　安藤雅信による白い丸皿(14頁)は、こうしたデルフト白釉皿のかたちと、柔かな肌の質感を目指したもの
撮影＝筒口直弘

柳孝

柳さんいわく
「徳利も盃も、おおらかで
とぼけた味わいのものが好き」

第3章
とっておきの酒器拝見

ひとりだけの時間に愛用する
徳利や器を見せていただきました。

徳利と盃は古いものに限る。時代も窯もさまざまだから、
毎晩どれにしようかと選ぶのも楽しい。

左から備前徳利　桃山時代／色絵盃（小山冨士夫作）／唐津ぐい呑み　桃山時代／丹波丸太かうし徳利　江戸時代／
朝鮮唐津徳利　桃山時代　高11.3cm

素直なかたちが好き。
骨董の酒器は高すぎて、
私の暮しには合わない。

坂田和實

左から白磁ぐい呑み（黒田泰蔵作）／伊万里染付盃　江戸時代初期／焼締ぐい呑み（植松永次作）／盃と白釉片口（岩田圭介作）　高7・7cm（片口）

「ほんとうに酒が好きな人は、
器にこだわらないのでは」
と坂田さん。

左から李朝三島徳利　高13.5cm／古染付唐子文皿／青磁輪花盃（川瀬忍作）／青花銀彩唐草文盃（林邦佳作）

浦上さんは
「酒器だけは自分で洗う。
それもまた楽しいから」
という。

浦上満

器がいいと酒もうまくなる。
川瀬さんの輪花の盃は
案外口当りがよくて飲みやすい。

ガラスコップ　昭和時代初期　高9cm／南蛮焼締片口（森岡成好作）　高8cm

大嶌文彦

「酒器は男の遊び道具」
と語る大嶌さん。

気持ちよく飲めればなんでもいい。
ガラスコップだって味があるし。

器におぼれる

青柳恵介

自宅の書斎でお気に入りのクラワンカ茶碗を手に
膳の酒器は左から、染付徳利(加藤静允作)、李朝
堅手盃、御深井徳利

私の器選びは一言で言うなら雑駁の一語につきる。

若い頃、私の育った家庭の器の組立てがやはり雑駁であり、自分が家庭をもったらもっと計画的に整然とした器選びをして統一感のある食卓光景を眺めたいものだと思っていた。その頃は伊万里の雑器や絵瀬戸の茶碗などが学生の小遣いで買えた時代であったから、五枚揃いの皿や鉢をたまに買ってはベッドの下に放り込んでおいた。結婚する直前までせっせと買い溜めておいたので、その量も質もなかなかの私は食器持ちであった。「僕の婿入り道具だ」と言って人に見せることもあった。ところが、いざ結婚をする段になってみると、私は金を持っていなかった。結婚資金を工面するために、ベッドの下に溜めこんだ器を売らざるを得ない状況に立たされた時、私は何度目かの人生の皮肉と真実を味わったようだ。その結果、私達夫婦の新婚の食卓は売れ残りの半端で雑駁な器の光景から始まり、それが今でも続いているのである。

しかし、雑駁だから楽しいと思うこともある。酒を呑んでいる時間がそうである。大きさのまちまちの徳利が立ち並び、種々の形のぐい呑みが散らばる。「あ、そのぐい呑みいいな、つぎ僕にそれで呑ましてよ」などと友人に言われる時が宴のクライマックスである。黒高麗や刷毛目の古い朝鮮の徳利に交った、友人の陶芸家の徳利を手にしたり、それは茶碗ではないかと言われるような大きなぐい呑みに酒を満たしたり、「いやこれでブランデーをやると案外いいんだ」などと実験を試みたり、深更に及ぶまで大騒ぎをして友人が帰ってしまった後の静まりかえった食卓の散らかりよう、その雑駁さは、我が身の頭脳の散らかりよう、生活の雑駁さを忠実に反映している。そんな時に、酒器の姿や肌を目でまじまじと見はしないけれども、器は本性を表すのではなかろうか。

器は見ているだけでは駄目だ、使ってみなければわからないと言われる。もちろん、それは使うことによって得られるであろう、手に持った時の重量感だの、濡らした時の色目だの、唇に当った時の触感だの、その他の様々な条件を述べた言葉ではあるけれども、そうした挙げやすい諸条件のさらに奥に控えている真意は、器は目でまじまじと見ても、それを使う主人公との相性までは語らない、見ようとして見ないでも見えてくるもの、伝わってくるもの、そこに器の命があるということであろう。

家人によれば、私は酔眼で食卓の器を片づけながら、猫や犬に声をかけるように「おまえはいい奴だ」とか「あんな奴に舐められてさぞかし気持悪かっただろう」などと夜ふけに孤独な声を発しているのだそうだ。たしかに私は器に溺れているのだろうと思う。溺れてはものは見えない。だが、伝わってくるものはある。

私が食器で一番好きなのは伊万里のクラワンカ手の器である。それもさんざん酷使されて、マット釉（艶《つや》を消した釉）でもないのに、まるで海辺に打ち寄せる波で表面が摩耗してしまったような肌を

筆者愛蔵の酒器コレクションより

1 李朝白磁徳利　2 李朝堅手盃　3 伊万里染付猪口　4 切込染付盃　5 絵瀬戸盃　6 黄瀬戸ぐい呑み
7 李朝鉄砂徳利　8 鶏龍山徳利　9 李朝三島徳利　10 伊万里矢羽根文猪口　11 伊万里捻文盃
12 常滑山杯　13 伊万里印判手猪口　14 瀬戸かわらけ　15 李朝堅手ぐい呑み　16 李朝黒高麗徳利
17 李朝無地刷毛目徳利　18 伊万里赤絵猪口　19 伊万里印判手猪口　20 李朝三島筋文徳利

したクラワンカだ。持てばずしりと重く野暮である。が、その野暮は人に勇気を与える実直に裏打ちされている。だから、クラワンカの野暮は洗練に通じる野暮である。私は自分の性格にそれが欠けていることを知っている。クラワンカのような人間になりたいと思うし、自分が好きになる人は多かれ少かれクラワンカのような人間だということに最近気づいた。

しかし現代の器には実直を装い、野暮を衒っているものが時に散見される。しかも、それがあたかも新しい洗練の道だと説き顔に並んでいるのを見ると私は暗い気持になる。器は何かを見せるものではない。人がそこから掬《く》むべきものだ。

第4章

うつわ名人の「食器棚」

陶芸家はどんな暮しをしているのだろう。
仕事場を訪ね、台所にもお邪魔して
食器棚をのぞいてきました。

内田鋼一

やきものに国境はない

内田家の食器棚　大きな棚にずらり並ぶ食器のうち、約半分が内田さんの作品だが、好きで手に入れた伊万里の染付も

李朝の地図やペルーの大布が並ぶあるギャラリーで初めて内田さんの〈加彩盤〉［12頁］を見たとき、「どこの国のモノだろう?」と首をかしげてしまった。時代不詳で無国籍、さらに用途不明——彼の作品に対する第一印象である。

四日市駅から車で10分余り、内田さんの工房を訪ねた。元はプレス工場だった建物へ入ると、意外にも内部はベージュ色の土壁。2階の客間には古い壺や白磁の蕎麦猪口が、絶妙のセンスでディスプレイされている。「きれいだと思うものを集めただけで、美術品とか骨董品だとは思ってません。みな生活の道具だから、素材の使い方、質感、フォルム、どこをとっても余分なものがなくて健康的。そういうものにインスパイアされて作品をつくるんです」

小さいころから機械いじりが好きだった内田さんは、とにかくものをつくることに興味があった。四日市の窯業学校を出た後はしばらく海外を放浪。タイ、韓国、スペイン、アフリカ——世界中どこへ行ってもやきものはあった。内田さんはさまざまな土地の窯場に住みこんではやきものづくりに励んだ。その後、日本の製陶所に1年半勤め、ひとつ7円の植木鉢を1日1000個挽く轆轤師時代を経て、23歳で独立。今でも四日市の土を

工房2階の客間には世界のスコップ・コレクション「兄は鉄、僕はやきもの、弟はケーキ、なぜかみんな何かを焼く仕事をしている」と内田さん

使うが、逞しいその腕には、国境を越えた作陶技術がしみこんでいそうだ。

　工房と同じ敷地内にある自宅の大きな食器棚に並んでいたのは、約半分が旧作も含めた内田さんのうつわ、染付などの古いうつわ、同じ窯業学校を出た奥さんのコップ、2人展をやった森岡成好さん［30頁］の飯碗、瀬戸や常滑のやきもの祭りに出品していたときに交換しあったほかの作家のものも混じる。毎日の料理の盛りつけは奥さん任せだが、好みが似ているのでまったく問題ないという。

「僕自身は、食器をつくってる意識はないんです。ただ、これでお茶出したら、これに食べ物盛ったら気分がいいかな、と思うものをつくっているだけ。見て心地いいものは、うつわに限らずそれだけで〝用〟を果たしてると思うんですよ」

　家に帰って〈加彩盤〉にロールパンをのせてみた。その後、花を一輪のせて窓辺に置いたら、部屋がすこし明るくなった。［編集部］（以下［編］）

［上］独立時に作りはじめた急須は、
今でも毎年焼いている
［下］大きな和簞笥が目をひく工房

額賀家の食器拝見　額賀さんの最近の作品に混じって10年前に作ったカップも　その他、上泉秀人さん［31頁］の片口や、結婚式の引出物の鉢など

額賀章夫

量産から生れた技

やきもののさかんな笠間には、いろいろなタイプのアーティストたちが暮らす芸術村、そして魯山人の鎌倉の旧居を移築した春風万里荘がある。あちこちに窯の看板が立つ市街地から約20分、車で山へ向かう。木の生い茂る山道のさらに奥の細い砂利道……少々不安になってきたところで、急に視界が開けた。見渡すかぎり青空。その中央に、額賀さんの工房と家がポツンと並んでいた。この工房は3年前、自宅は2年前に建てたばかりとか。工房の窓は、曇りガラスである。「風景が見えすぎると気が散って、仕事にならないんです」という額賀さんは、禁欲的な人なのだ。

　まだ木の香りのするつくりつけの食器棚を覗かせてもらった。額賀さんの食器、笠間の陶芸仲間の食器のほか、古伊万里の皿や奥さんが実家から持ってきた古いガラスの鉢やショット・グラスもある。ジャスコのココットや生協で買ったおやつ皿は子供の食事用。額賀さんにとって

美しい風景も眼中にない?
窯入れに忙しい額賀さん

自宅の食卓は、新作を試す大切な場でもある。焼き上がったばかりのうつわで食事をしてみて「あと5ミリ深い方が使いやすいかな」と、気になるところが出てくることもあるそうだ。日常生活をおろそかにしない額賀さんのきまじめさから、こうしてより使いやすいうつわが生まれるのだろう。

東京でテキスタイル・デザインを学んだ額賀さんは、大学卒業後に「手に職をつけて、なにかをつくって食べていきたい」との気持ちが強くなり、陶芸を志したのだという。笠間の窯業指導所で1年勉強してから量産の製陶所で4年間修業。独立後も一貫して食器をつくり続け、粉引、刷毛目、流しかけなど、さまざまな作風を試みてきた。去年は初めて白磁にも挑戦[29頁]。「数こなしてきたから、いろいろな素材を扱えるようになった。量産品つくっててもはみだしてくるのが個性だと思うんですよ。とにかく轆轤回してれば、絶対なにか自分なりのものが出てくるはずです」[編]

見晴らしのいい高台に建つ額賀さんの住いと工房　家族は奥さんと3人の子供
「たぶんもう東京へは戻らず、ここでずっと暮らすことになるんでしょうね」

「蕗窯」では、小松さんとふたりのお弟子さんが交代で朝、昼、晩の食事をつくる　食器棚には、小松さんやお弟子さんの器のほか、友人の作家の磁器や塗り物など、使いやすそうな食器がきちんと並べられていた

小松華功

土をめぐる冒険

車のホイールを加工した手製の手回し轆轤で作陶する小松さん「無制限に回転する電動轆轤で挽く方がいいものもあるんですが、この緩やかな1回転からできるかたちを大切にしたいんです」

まだ寒い2月のある日、京都は鞍馬からさらに北へと車を走らせた。峠にかかると山道は雪に覆われ、タイヤにはチェーンが必要になった。約1時間半、花背の里を越えた能見川沿いの小さな集落広河原に、小松さんの「蕗窯」はある。

長野県伊那谷生まれの小松さんは「こんな田舎で暮らすのは嫌だと思っていたのに、ふとしたことからやきものの世界に入って、結局、生まれたところよりもっと山奥で暮らしてる」と笑う。24歳で宇治の窯元に入り、9年間の修業の後独立、今の地に窯を開いたのは13年前。40歳過ぎてから故郷・伊那の土が気になって、掘ってみると、やきものに使える

小松さんの「蕗窯」は、京都市街から車で約1時間半、冬は雪に埋もれる広河原能見町にある　愛犬クロが迎えてくれた

土があちこちから出てきた。個性的な土だった。郷土史によると、かつて伊那谷には繭を煮るための土鍋をつくる大きな窯があり、小松さんの先祖はその窯を開いたひとりだったのだとか。「自分で土を探してくるのは手間もコストもかかります。業者で売ってるものとは違って面倒な土が多いけど、それがむちゃくちゃ面白い」。最近は釉薬も自分で作り出し、土との相性を試している。

小松さんの家の食器は、ほとんどが自作。「具体的な料理を思い浮かべてうつわをつくることはありません。ただ、汲出茶碗をつくるときに、小鉢でも使えるようにといった一器多用の思いはあるんです」。雪に反射する陽光が気持ちのいい工房に、大きな板で仮設食卓をつくり、お昼をご馳走になった。鰊蕎麦やおにぎり、豚汁、蕗味噌、お豆腐、そして日本酒。料理を盛ったうつわは、小松さんの三島手や唐津、染付など多様なのに、喧嘩せず仲良く並ぶ。重さやかたちがしっ

くりと手になじむから、料理やおしゃべりを存分に楽しめる。「意識的に、細心の注意をはらってつくるうちに自ずと出てくる意図せざる味わいが、本物だと思うんですよ」という小松さん。奇をてらうことのないさりげないうつわの心地よさは、そんな彼の探究心に支えられているのだろう。［編］

［上］「蕗窯」では自作の販売もしている
［下］小松さんの食器棚より

[上４点]川瀬家のあちこちで見つけた、失敗作再利用インテリア　傘立て以外は全て友人の木工作家、原渉さんの作品　帽子掛けは蓋の余りもの、左頁右上の電気スタンドは窯の中でへたってしまった壺を利用したのだとか
[左頁下]これらの盃は全て川瀬さんの作品　約半分が未発表のものという

川瀬忍
素敵な青磁リサイクル

川瀬家は祖父の代から染付や赤絵で有名な陶芸家族だが、2代川瀬竹春氏の長男として生まれた忍さんは、青磁作家として知られている。「18歳で家の仕事を始めたときに、親父から、絵付よりまずは生地を勉強しろと言われましてね。磁器の肌が釉薬の溜まり具合や鉄分の量によって青く見える青磁に惹かれたんです。すると、祖父が宋代青磁の袴腰という香炉を、『これを写せ』ってくれたんですよ。その2年後に台北の故宮博物院で官窯の青磁にますます魅せられて、以来、没頭してます」。しかし青磁というと、どうしても手の届かない高級品、庶民の食卓にはまず上らないうつわ、というイメージがつきまとう。

「東京へ行くと、日本橋の骨董屋を覗くのが楽しみで」という川瀬さんの後ろに飾ってあるのは、自身で額装したペルーの紐と、中国紀元前の土器

そこで、大磯の川瀬家の食器棚である。予想以上の青磁尽くし。なかには、真ん中にぱっくりとヒビの入った失敗作、縁の輪花が欠けて、鋸の刃のようにギザギザになったようなものもある。「青磁を使いこんでいくと、目に見えない傷がいっぱい入ってくるんです。それが乱反射を起こして、しっとりとした独特の光沢感が出る。中国の青磁にしても、長い年月使ったから、ああいうとろっとした肌になるんじゃないかな。僕は青磁の大鉢でラーメン食べたりしてます」。ただし、食卓があまりにも青々してしまうのは嫌、との奥様のリクエストにより、父・竹春氏の色絵や、最近は友人の陶芸家・金重有邦氏の備前焼なども使うようにしているという。

それにしても驚いたのは、インテリアまで青磁尽くしだったこと。川瀬さんの失敗作が、友人の木工作家・原渉さんの手によって電気スタンドになったり、帽子掛けになったりしてリサイクルされている。玄関には青磁の傘立て。ピアノの上の青磁の花瓶には団扇が立ててあるが、ちっとも厭味がない。こうして日常生活のなかで眺めてみると、おっかなびっくり扱うものとされがちな青磁にも、意外と軽快で親しみやすい顔があることに気づく。

また、別の食器棚には、「近頃、食器はあまり発表していない」という川瀬さんがこだわってつくる実用品がある。酒器である。青磁だけでなく、白化粧や練上げ、均窯風や李朝の耳杯、これらの盃は、すべて川瀬さんの作。神経を使う青磁の仕事をしていると、ときどきまったく違うものを手掛けたくなるのだそうだ。「青磁の盃は固い感じがするから、酔っぱらってくると陶器の方がいい。使ううちに味が出てくるのもやっぱり土もの」。

かたちにもこだわっている。「ビールは喉で飲むものだから、口当たりに抵抗がある方が美味しいと思うし、日本酒はちびちび嘗めるものだから、縁を少し反らせます。また辛口と甘口の酒でも、かたちは微妙に違ってくる」。徳利は酔っぱらっても倒さないように安定感を考え、また滑りにくいかたちをこころがけているという。

「30代の頃、宋時代の青磁の魅力に迫るために、それ以前の唐のことが知りたくなった。さらに時代を遡っていけば、造形の根源というのは、自然界にヒントを

川瀬家の食器棚[下]から、食卓でよく使うものを並べてもらった[右]　多くは使い込んだ川瀬さんの青磁だが、父・竹春氏の色絵や、友人がくれたガラスの洋食器も　銀行でもらった「トムとジェリー」の皿や、子供が小さいころにセットで買ったという動物柄の皿も混じる

得ているんですね」という川瀬さん。なるほど、彼の作品は、鶴やカラーの花など、造形のモティーフを動植物にとったものが多い。それが皿になったり花入になったり、あるいはオブジェになったりするのである。青磁作品以外で居間に並ぶのは、クメールのレリーフの断片や中国紀元前の土器など、趣味で集めている骨董品。そして、部屋の隅の水槽では、エイが静かに泳いでいる。自在な造形を生みだす青磁名人の頭の中を、ほんのちょっと覗いた気がした。[編]

【ブック・デザイン】
大野リサ、川島弘世

◆

本書は『芸術新潮』2001年4月号特集「骨董の眼利きがえらぶ　現代のうつわ」を
再編集、増補・改訂したものです。記事中のデータは2002年5月現在のものです。
器の価格や取扱いについては、事前に直接、各店にお問合せください。

とんぼの本

骨董《こつとう》の眼利《めき》きがえらぶ　ふだんづかいの器《うつわ》

発行　2002年6月25日

編者　青柳恵介《あおやぎけいすけ》　芸術新潮編集部《げいじゅつしんちょうへんしゅうぶ》
発行者　佐藤隆信
発行所　株式会社新潮社
住所　〒162-8711　東京都新宿区矢来町71
電話　編集部　03-3266-5611
　　　読者係　03-3266-5111
印刷所　大日本印刷株式会社
製本所　加藤製本株式会社
カバー印刷所　錦明印刷株式会社

乱丁・落丁本は、ご面倒ですが小社読者係宛お送り下さい。
送料小社負担にてお取替えいたします。
価格はカバーに表示してあります。

ISBN4-10-602091-2　C0372